달리며 사랑한 뉴욕

CONTENTS

Prologue – Warm Up
"허드슨 강에서 다시 뛰기 시작한 시계" 008

CHAPTER 1

Start Line – 낯선 도시의 출발선
"뉴욕에 도착했을 뿐인데, 나의 인생은 오히려 멈춘 것 같았다."

01. 뉴욕에서의 시작, 낯선 언어 속에서 014
언어 장벽, 고립감과 주눅 듦

02. 여전히 움직이지 못한 날들 021
상실감과 외로움 속에서 멈춰 선 나날들

03. 83개 박스 너머의 뉴욕 027
집과 공간의 낯섦, 문화 충돌, 새 보금자리를 정리하며 찾은 안정감

04. 밤의 러닝화, 아침의 스타트라인 034
상처와 회복, 그리고 다시 시작된 달리기

CHAPTER 2

Pace & Crew – 내 리듬, 우리의 발걸음
"달리는 발걸음 속에서, 나를 찾고 세상과 연결되다."

05. 우리 동네, West Village에서의 아침 044
혼자 달리며 내 리듬을 찾기 시작하다

06. PS41 Run Club, 건강한 삶을 가르치고 배우는 학교 053
달리기를 통해 함께 자라나는 아이와 어른

07. 나의 첫 달리기 친구들, Bridge Runners 060
도시의 밤을 달리며 공동체를 만나다

08. 여성 러너들의 연대와 자매애, Girls Run NYC 074
함께 달리는 여성들, 서로의 이름을 불러주던 밤

09. 브루클린의 수요일 밤, 달리며 이어진 마음들 083
함께 달리며 일상과 마음이 연결되다

10. 서로의 삶을 지키는 달리기 089
공동체가 서로를 지탱하는 방식

11. 뉴욕, 달리기의 축제 '기록은 잊어도, 환호는 남는다.' 098
도시와 러너가 함께 호흡하는 축제의 시간

12. Bridge The Gap, 도시와 사람 사이를 달리는 일 106
언어·국적을 넘어 확장되는 연결

CHAPTER 3
Long Run – 삶을 품고 달리다
"달리기를 통해 도시와 삶을 사랑하게 되었다."

13. 사계절을 달리고, 살고, 커피 한 잔 120
도시 속 사계절과 카페, 일상의 확장

14. Run, Family, Run! 우리 가족, 센트럴파크를 달리다. 129
가족과 함께 달리며 쌓은 유대

15. 한 발, 한 마디. 관계를 향해 달리다. 136
관계 맺기, 언어와 연결

16. 가능성의 트랙 위에서 147
나의 새로운 가능성 탐색

CHAPTER 4
Finish Line – 다정한 이별
"사랑한다는 말을 준비하며, 천천히 안녕을 연습했다."

17. 조금씩, 다정하게, 이별을 준비하며 158
정든 일상과 공동체와의 작별

18. 뉴욕을 떠나는 날 172
마지막 풍경과 공항, 결승선 같은 순간

Epilogue – Cool Down
"다시 한국 땅에서, 뉴욕의 긴 레이스를 돌아보다." 180

Prologue

"허드슨 강에서 다시 뛰기 시작한 시계"

허드슨 강에서 불어오는 시원한 바람이 좋았다.
아침 햇살 아래로 펼쳐지는 그 광활한 푸르름을 보러 매일같이 달려 나갔다.
뉴욕에서 멈춘 듯했던 내 시계가, 그렇게 다시 뛰기 시작했다.

처음엔, 잠시 숨을 고르고 싶었다.
15년 넘게 교실에 서 있었고, 엄마가 된 후엔 늘 시간이 나를 쫓아왔다.
조금만 늦어도 뒤처질 것 같았고, 한 걸음 늦으면 누군가에게 미안해야 했다.
그렇게 쉼 없이 달려오던 어느 날, 우리 가족에게 뉴욕행 제안이 찾아왔다.

"내년부터 회사 일 때문에 우리 뉴욕에 가야 할 것 같아."
퇴근하고 돌아온 남편이 말했다.
순간 멍해졌다.
"뉴욕? 진짜 우리가? 거기서 살아야 한다고?"
석 달 뒤 출국이라니, 마치 다른 사람의 이야기를 엿듣는 기분이었다.
내게 뉴욕은 언제나 스크린 너머의 세계였다. 반짝이는 빌딩과 브로드웨이,

영화 속 장면으로만 존재하던 곳. 언젠가 꼭 가고 싶다고 꿈꾼 도시도 아니었는데, 그곳이 갑자기 나의 '주소'가 될 줄이야.

사실 나는 익숙한 걸 좋아하는 사람이었다.
늘 다니던 거리, 가던 카페, 같은 시간의 출근길.
그 반복 속에서 편안함을 느끼던 내가, 낯선 도시로 떠나야 한다니.
하지만 오래 전부터 마음 한편에선 이렇게 속삭이고 있었다.
'혹시, 전혀 다른 삶이 가능하지는 않을까.'

지금과는 다른 세계, 누군가에게 더는 미안하지 않고 뒤처질 걱정 없이,
낯선 곳에서 또 다른 내가 되어볼 수 있는 건 아닐까.
선택의 여지가 없는 것 같았지만, 이상하게 마음은 이미 움직이고 있었다.
이 기회를 '또 다른 나'를 위한 시작으로 삼아보기로.
이런 생각을 하니, 살아봐도 될 용기가 생겼다.

그래서 뉴욕에 왔다.
일에 잠시 쉼표를 찍고, 언어도 자신 없고, 아이의 학교도 막막했지만,
단지 "가보자"는 마음 하나로.
그러나 막상 마주한 뉴욕은 거대하고 낯설었다.
하늘을 가리는 빌딩 숲, 눈길조차 주지 않고 바삐 지나가는 사람들.
나는 그 속에서 머뭇거리며 금세 작아져 버렸다.
마트 계산대 앞에서는 입술이 굳었고, 아이 학교 문 앞에서는 작게 숨을
고르며 용기를 짜내야 했다. 언제는 울었고, 언제는 두 팔 벌려 안겼다.
부엌 한복판에서 대파의 매운 맛에 눈물짓다가,
센트럴파크를 함께 달리며 웃었다.

그렇게 멈추어 섰던 내가, 다시 뛰기 시작했다.
아무도 나를 모르던 뉴욕에서, 달리며 자신을 붙잡고, 누군가와 마음을 나누며, 조금씩 다시 나를 찾아가고 있었다.
그러는 사이, 나는 이 도시와 천천히 숨결을 맞추고 있었다.

『달리며 사랑한 뉴욕(Run, Love, New York)』은 멋진 여행기도, 인생 전환기의 완벽한 성공담도 아니다.
이 책은 그저,
매일의 작은 움직임으로 이겨낸 시간들,
뉴욕의 낯선 거리를 달리며 스며든 관계와 감정의 기록이다.

틀 안에 갇힌 나를 꺼내 다시 껴안기까지—
그 사소하지만 찬란한 시간은
달리는 도시 뉴욕에서 365일 동안 이어진 긴 마라톤이었고,
그 길을 끝내 달려낸 내가, 가장 반짝이는 메달이었다.

Chapter 1
Start Line – 낯선 도시의 출발선

"뉴욕에 도착했을 뿐인데,
나의 인생은 오히려 멈춘 것 같았다."

01.
뉴욕에서의 시작, 낯선 언어 속에서

It's time for New York City.

Where all are welcome!

(이제 뉴욕의 시간, 모두가 환영받는 도시!)

JFK 공항에 도착해서 보았던 첫 메시지였다.
뉴욕. 모두를 환영하는 도시. 이름만으로도 가슴이 뛰는 도시.
그런데 JFK 공항에 발을 딛는 순간, 그 벅찬 설렘보다 먼저 낯설고 버거운 현실이 밀려왔다. 6달러를

내야만 쓸 수 있는 카트 앞에서, 일단 신용카드부터 꺼냈다.
뉴욕, 너 이렇게 시작하는구나?

무뚝뚝한 표정의 입국 심사대 직원, 눈도 마주치지 않고 빠르게 지나가는 뉴요커들, 말도 잘 안 통하고, 무언가를 묻기도 조심스러운 공기까지. 모든 게 익숙하지 않았다. 정말 이 거대한 도시에 발을 들인 것이다.

긴 비행 끝에 지친 딸 이설이는 내 손을 꼭 붙잡았다. 9살 아이의 작은 손을 맞잡으며 나도 모르게 손에 힘이 들어갔다. 낯선 곳에서 엄마로서 내가 더 단단해져야 한다는 생각이 들었다. 익숙한 것을 벗어나 본 적 없던 내가, 영어도 잘 못하는 내가, 지금 뉴욕 한복판에 서 있다니. 여긴 내게 너무 큰 도시 같았다.

도심으로 들어가는 차 안, 창밖 풍경이 조금씩 달라졌다. 어두운 밤, 형형색색의 불빛들이 물 위에 아른거렸다. 가까워지는 작은 섬, 그게 바로 우리가 살게 될 맨해튼이란 말이지. 영화에서만 보던 그곳. 두렵고 막막한 마음이 계속해서 밀려왔다. 정말, 내가 이 도시에 도착한 걸까?

뉴욕은 언제나 낯선 말투로 말을 걸어왔다.
처음엔 못 알아듣는 그 말들이 두려웠고, 나는 웃고 있으면서도 속절없이 작아지곤 했다.

대한민국 중학교 국어교사로 일한 지 15년.
당시 문과 출신이었던 내가 국어 과목을 택한 여러 이유들 중 가장 결정적인 건 이것이었다.
솔직히… "영어가 싫어서."
그 흔한 토익, 토플도 피해 왔고, '알타이어족의 후예답게 영어는 체질에 맞지 않는다.'는 변명을 입에 달고 살았다.
그런 내가 뉴욕 한복판에 던져졌을 때는, 말 그대로 당황의 연속이었다.

일단 현실로 닥쳤으니 이제는 피할 수 없다. 뉴욕에서는 무조건 영어로 말해야 살아남는 서바이벌 생존 게임이 시작된 것이다.
커피를 좋아하는 내가 마음에 드는 카페에 가기 위해 몇 번을 연습했던 문장,
"Can I get an iced latte with regular milk?"
(아이스 라떼 하나 주세요, 우유는 일반 우유로요.)
그렇게 자신만만 멋지게 말했는데, 돌아오는 직원의 대답이

"Sorry?"(네?)일 때면 자괴감이 물씬 밀려오곤 했었다.

엘리베이터에서 이웃과 마주쳤을 때도 마찬가지였다.
 이웃: "Hi, How are you?" (안녕하세요?)
 나: "Good."(...정지상태 아님)
그 한 마디 이후로 아무 말도 이어지지 않았다. 웃음으로 틈을 메우며 어서 내가 내릴 층에 도착하기만을 기다렸다. 불안함이 들킬까봐 더 밝게 웃고, 더 열심히 귀를 기울였다. 어쩌면 웃음은 나만의 SOS, 그리고 일종의 생존 방식이었는지도 모른다.

사소한 전투는 여기저기에서 계속 이어졌다.
우체국에 갔을 때는 직원의 말이 너무 빨라 도무지 알아들을 수 없었다. 몇 번을 "Sorry?"(네?) 하고 되물으니, 결국 날 보며 대놓고 한숨을 쉬던 날. 그 순간 괜히 더 주눅이 들었고, 뒤처지는 기분이 들었다.
지하철이 갑자기 멈추고 안내 방송이 흘러나왔을 때도 마찬가지였다. 사람들이 우르르 내리자, 무슨 일이 난 건가 싶어 두리번거리며 따라 내려야 했다. 약속 시간에 늦을까 발을 동동 구르며, 안내 방송의 단어 하나라도 붙잡으려 귀를 쫑긋 세웠다.
아이 학교 행사에서는 그 감각이 더 선명했다.
학부모들은 이미 삼삼오오 모여 웃으며 이야기를 나누고 있었다. 손짓, 눈빛, 속도감 있는 말들이 오가는 장면 속에서 나는 커피 잔을 괜히 만지작거리며 혼자만의 섬에 갇힌 듯 서 있었다. 누군가와 눈이 마주칠까 두려웠고, 동시에 아무도 내게 말을 걸어주지 않기를 바랐다.

이해 안 가는 질문엔 씩 웃으며 "Yes!"(네!), 모르는 단어는 문맥으로 대충 때려 맞추기.
제일 중요한 건, 꾸준히 고개 끄덕이기.
그리고 Oh, I see!(아, 그렇구나!), Oh my god!(세상에!), Amazing!(멋지다!) 등의 리액션 전문가가 되었다는 사실이다. (그런데 사실 나는… 절반은 이해하지 못했다.)
대화는 어설프게 겉돌았고, 나는 금세 초라해졌다.

오랫동안 언어를 가르쳐온 사람이었기에, 문장을 어떻게 다듬어야 하는지, 말과 글이 지닌 힘이 무엇인지 누구보다 잘 안다고 믿었다.

하지만 뉴욕에선 처음으로, 나는 단어조차 채우기 어려운 사람, 말이 막히는 사람이 되었다. 미국에 살면 한국어와 영어, 두 언어를 자유자재로 쓰는 '바이(Bi)링구얼'이 될 수 있지 않을까 막연히 기대했지만, 현실은 '바이(Bye)링구얼'에 가까웠다. 한국어도, 영어도… 굿바이.

그러니까, 말하자면… 낯선 땅에서 내 마음 하나 시원하게 못 전하는 게, 은근히 자존심 상하고 꽤나 사람을 작아지게 만들었더랬다. 뉴욕 땅 한복판, 짠한 토종 한국인 한명이 나였던 것이다.

모두를 환영한다는 문구는 여전히 공항 벽에만 붙어 있었다.
정작 나는, 이 도시의 언어 밖에 고립된 채 서 있었다.
언어의 벽에 갇히자, 집이라는 공간은 더 절실해졌다.
적어도 그곳만은 내가 안정을 찾을 수 있으리라 믿었는데, 곧 또 다른 낯섦이 기다리고 있었다.

02.
여전히 움직이지 못한 날들

인생의 전환점이라는 '마흔'.
솔직히 말하면, 뉴욕으로 떠날 때 속으로 단단히 다짐했다.
'가능성으로 가득한 이 도시에서, 내가 정말 좋아하는 것, 나라서 잘할 수 있는 것들을 꼭 찾아야지!'
거창하게는 불혹맞이 자기 실현이고, 조금 웃자면 내 인생에도 새로운 코스가 필요했다.
학교에서 '교사 풀코스 마라톤'만 15년을 달리다 보니, 뉴욕에서 다른 코스도 달려보고 싶었던 걸까. 구체적인 계획은 없었지만, 어쩌면 낙관적인 기대에 가까웠다.

한국에서의 교사 생활은 사실 꽤 안정적이었다. 정해진 시간, 분명한 역할. 그 안에서 나는 '꽤 괜찮게 살고 있다.'는 착각도 했다.

하지만 뉴욕에 오자, 그 모든 프레임이 한순간에 사라졌다. 든든한 지지 기반이던 가족, 친구, 동료도 없었고, 그 어디에도 '김선민쌤'은 없었다. 내 직업도, 학위도, 경력도, 여긴 전혀 모르는 사람들이 태반이었다.

프레임이 사라지면 자유가 올 줄 알았다.

하지만 정작 찾아온 건, '이제 뭐 하지?'라는 막막함이었다.

교무실도 없고, 1교시도 없고, 회의도 없고, 상담도 없는데…

왜 이렇게 공허한 거지?

30년을 훌쩍 뛰어넘어, 은퇴 이후의 미래를 미리 맛본 기분이었다. 그리고 그 맛은, 생각보다 씁쓸했다.

대신 내가 새롭게 출근하게 된 곳은 집과 부엌이었다.

매일의 숙제는 수업 준비가 아니라 아이의 도시락과 집밥이었고, 회의 대신 장보기, 상담 대신 요리 실패담이 이어졌다.

세련되게 꾸며진 미국 마트와 영화에 나올 것 같은 파머스 마켓에서 장을 보는 것이 소풍 같았던 때도 있었다. 그러나 곧 복잡한 동선과 생소한 영어 라벨 앞에서 머리가 하얘졌다. 라벨을 잘못 읽어 파슬리 대신 고수를 집어 와 요리를 망친 날도 있었다. 게다가 대파 세 줄기에 3.99달러, 김치 한 통에 15달러라니. 외식 한 끼에 한국의 고급 한정식 가격이 나가고, 그 위에 20%의 팁과 세금까지 첨가되니 '주문'은 곧 '지갑을 여는 고행'이었다.

소문으로만 듣던 뉴욕의 엄청난 물가는 나를 강제로 부엌으로 몰아넣었다. 삼시세끼를 책임져야 하는 부엌 앞에 설 때마다, 칼과 냄비는 도구가 아니라 벽처럼 느껴졌다. 오늘은 무엇을 요리해 먹을지도 지상 최대의 고민이었다.

처음엔 여행자처럼 혼자 뉴욕을 탐험해봐야지 했다. 유명하다는 관광지, 뮤지엄, 감각적인 숍, 카페를 다니면서. 아침마다 멋진 카페에 앉아 뉴요커처럼 커피를 마시겠노라 하기도 했다. 그런 설렘들은 하루이틀뿐이었다. 일상이 되자 매일같이 그러고 살기도 어려웠다.

처음 맛보는 혼자의 해방감도 좋았지만, 이내 같이 밥을 먹을 친구도, 커피를 마실 친구도 없다는 사실이 마음을 무겁게 했다. 외로움은 예고 없이 물씬 밀려왔다.

옆 테이블의 웃음 속에 섞이지 못한 채, 나는 그저 창밖만 멍하니 바라보았다. 깔깔거리며 신나게 대화를 나누던 친구들이 보고 싶었다. 한국에서 즐겁게 잘 지내고 있는 친구들의 일상을 보면서, 저기에 내가 같이 있었다면 하는 생각이 들었다. 익숙한 그곳의 일상이 그리워졌다.
지구 반대편의 나는, 그렇게 모두에게 잊혀져 가는 건가 싶었다. 어떤 날은 아무것도 하기 싫어 그냥 집에만 있다가, 학교에 아이를 데리러 간 날도 있었다.
한국에서라면 학교에서, 동네에서 언제든 내 이름을 불러주는 사람들이 있었는데, 여기서는 그 누구도 나를 불러주지 않았다.

외로운 이방인, 그게 바로 나였다. 집인데, 집 같지 않았다. 나도, 나 같지 않았다. 아무도 내 이름을 불러주지 않는 시간 속에서, 나는 점점 작아졌다.

대파를 썰다 맵싸한 향에 찔끔 눈물이 나던 어느 날,
이 눈물이 매워서인지 울적해서인지 알 수 없었다.
마음 속에 한 가지 질문이 떠올랐다.

'나는 왜 뉴욕에 있는 거지?'

요리를 잠시 멈추고 바라본 창문 너머로는 사람들이 저마다 분주하게 움직이고 있었다.

노트북 가방을 들고 뛰어가는 학생, 통화를 하며 택시를 기다리는 여성, 커다란 짐을 운반하고 있는 청년.

세상은 분명 저렇게 바쁘게 움직이고 있는데, 나만 집 안에서 멈춰 있는 것 같았다.

시간은 흘러가는데, 나만 정지된 채였다.

나는 여전히, 어디에도 닿지 못한 채 머물러 있었다.

03.
83개 박스 너머의 뉴욕

오늘은 전쟁이다.
'전쟁'이라고 불러도 괜찮은 날이니까.

드디어 기다리던 이삿짐이 도착했다. 한국에서 보낸, 우리 가족의 기억과 시간이 차곡차곡 담긴 짐들.
그동안의 난민 생활이 파노라마처럼 스쳤다. 소파도 TV도 없는 집, 담요를 카펫처럼 깔고 접이식 상자를 식탁 삼아 밥을 먹던 날들. 어설프고도 간절했던 생존기. 그렇게 좌충우돌 바닥 생활에 조금 익숙해질 즈음, 드디어 뉴저지항에 짐이 도착했다는 소식이 왔다.

현관부터 거실까지 가득 쌓인 83개의 박스를 보는 순간 정신이 아득해졌다.

배송 기사님들은 침대와 책장 등 몇 가지 가구 조립만 하고는 "Good luck."(행운을 빌어.) 한마디 남기고 사라졌다.

뉴욕에서의 이사란, 단순히 짐을 푸는 게 아니라 삶을 새로 조립하는 일이었다. 한국이었다면 기사님들이 다 해주셨을 일을, 이곳에서는 온전히 내가 감당해야 했다.

이곳은 뉴욕, 뭐든 직접 해야 한다.

박스를 열자마자 쏟아져 나온 건 끝도 없는 내 옷들.
"아니, 내가 이렇게 옷이 많았던가?"
당황하는 내 옆에서 남편은 특유의 태평한 웃음을 터뜨렸다. 마치 "뭐, 다 잘 될 거야."라고 말하는 듯한 표정. 늘 큰일도 작은 해프닝처럼 받아들이는 그의 태도에 순간 울컥했지만, 한편으론 그 덕분에 숨이 돌기도 했다.

주방 박스를 열자 더 난감했다. 한국에선 요리를 거의 안 했는데, 왜 이렇게 그릇과 냄비를 잔뜩 싸 온 걸까. 게다가 뉴욕의 부엌은 천장까지 이어진 수납장이 버티고 있었다. 닿지도 않는 칸을 향해 사다리를 끌어다 놓고 낑낑대며 박스를 올리는 내 모습이 우스우면서도 서글펐다. 눈앞에 쌓여 있는 건 짐이 아니라, 정리되지 않은 내 과거 같았다.

문화 충돌은 집 구석구석에 숨어 있었다. 현관에선 신발을 벗을 자리조차 없었고, 비 오는 날엔 흙과 물이 그대로 거실까지 스며들었다. 수리 기사가 부츠를 신고 거실을 활보할 땐 비명을 삼켰다.
'이 곳에선 이런 게 당연한 거구나.'
집 구조도 낯설기만 했다. 한국에서 가져온 가구들은 층고 높은 뉴욕 아파트 안에서 전부 미니어처처럼 작아 보였다. 아이 방에 놓아둔 책상은 장난감 가구 같았다. 낯선 공간 속에 놓인 익숙한 물건들이 오히려 더 이질적으로 보였다.
밤이 되면 외로움은 더 깊어졌다.
뉴욕 집은 천장 조명이 없는 경우가 많다고는 들었지만, 막상 어둠이 깔린 거실에 앉아 있으니 불빛 하나 없는 공간이 이렇게 차갑구나 싶었다. 하얀 벽, 회색 바닥, 아이보리 롤스크린이 더 건조해 보였다.
익숙하지 않은 문화 앞에서 머릿속에 물음표가 쉴 틈 없이 피어올랐다. 색도, 온기도 없는 집 안에서 작아진 나 자신이 조금 우스우면서도, 여전히 이곳은 나에게 완전히 편안한 공간이 아님을 새삼 느꼈다.

83개의 박스를 열며 알았다. 이건 단순히 짐 정리가 아니었다. 익숙했던 내 삶의 단위들이 이 낯선 공간으로 들어오며, 하나같이 어긋나고 있었다.

낯선 도시에서 내 삶을 다시 세우는 일은, 물건을 정리하고 공간을 만들어가는 것보다 훨씬 더 큰 싸움이었다.

그 후 며칠 동안은 '조립의 나날'이었다. 이케아에서 주문했던 식탁과 책상이 도착했다. 책상 다리 하나가 자꾸 비뚤게 달리고, 식탁은 설명서에 없는 나사가 여분처럼 굴러다녔다. 고군분투 끝에 완성된 식탁에 둘러앉아 밥을 먹으며 이설이가 말했다.

"이제 진짜 우리 집 같아! 완전 최고!"

작은 두 주먹을 불끈 쥐고 소리치는 모습에, 마치 우리가 월드컵이라도 우승한 듯한 기세였다. 아이답게 순식간에 '집'을 인정해버리는 씩씩한 선언에, 나와 남편은 동시에 웃음을 터뜨렸다. 정말, 집이 조금씩 집다워지고 있었다.

그리고 집을 밝혀줄 조명도 하나하나 골랐다. 노란 불빛이 퍼지는 플로어 램프, 부드러운 전구를 단 스탠드, 그리고 이설이 방엔 꽃 모양의 무드등까지.

밤이 되면, 집이 달라졌다. 조명들이 우리를 감싸 안았고, 그 속에서 조용히 하루를 마무리했다. 아늑함이란, 어쩌면 이렇게 천천히, 조금씩 빛을 켜 나가는 게 아닐까.

드디어 마지막은 발코니였다.

뉴욕엔 발코니를 예쁘게 꾸며놓은 집이 참 많다. 계절마다 다른 화분, 정성스런 조명, 누군가는 빨간 벽돌 틈 사이에 작은 깃발까지 달아두었다.

우리 집 발코니에서는 엠파이어 스테이트 빌딩(Empire State Building)이 보였다. 그러자 나의 상상력은 그 위로 치솟았다. 노란 테이블, 의자, 잔디 깔개를 세팅하며 선언했다.

"여기서 아침마다 커피 마시고, 저녁엔 와인 마시자!"

내 호들갑 섞인 선언에 남편은 "좋지!" 하며 엄지를 척 내밀었다. 그러나 자주 바람이 불어 매번 테이블이 뒤집히자, "뉴욕의 환영식인가 보네."라며 농담을 던졌다. 그런 그를 보며 허탈하게 웃다가도, '그래, 이렇게 웃으면서 버티는 거구나.' 싶었다.

그러다 어느 날 저녁, 드물게 바람이 잠잠했다.

우리는 조심스럽게 의자를 펴고, 와인 한 잔을 따랐다.

바람도, 소음도 없었다. 멀리 빛나는 엠파이어 스테이트 빌딩이 조용히 서 있었고, 나는 잔을 들고 이렇게 말했다.

"우리가 드디어 이 발코니를 썼네."

그 순간, 뉴욕이 우리를 향해 살짝 미소 지은 것 같았다.

그리고 밤이면 늘 바라보던 엠파이어 스테이트 빌딩. 날마다 색을 바꾸는 그 건물은, 도시가 나를 향해 '오늘을 축하해.'라고 말하는 것 같았다. 그 불빛을 바라보며, 나도 그렇게 이 도시 안에 조금씩 스며들고 있었다.

정착은 하루아침에 이루어지지 않았다.
낯선 주거 문화를 하나씩 익히고, 마음을 다해 공간을 꾸미다 보면, 어느새 집이 나를 감싸기 시작했다. 내가 이 집을 만든 줄만 알았지만, 실은 이 집 또한 나를 만들어가고 있었다.
익숙한 고향의 책들을 새로 들인 책꽂이에 정리하며 속으로 되뇌었다.
"여기가 이제 우리 집이야."
빈 공간에는 우리가 하나씩 쌓아 올린 이야기와 추억이 자리 잡기 시작했다.
새로운 뉴욕의 집은 그렇게 '우리만의 안식처'가 되어갔다.
그리고 나는, 그 안에서 조금씩 낯선 나를 익숙한 나로 바꿔가고 있었다.

04.
밤의 러닝화, 아침의 스타트라인

'Family Morning'

며칠 전부터 학교 메일에 반복적으로 등장하던 단어였다.

'가족의 아침'? 매일 아침마다 같이 가는데. 지나치게 감성적인 이름에 오히려 긴가민가했다.
'그냥 별거 아니겠지.'하며, 평소처럼 이설이를 학교에 데려다주었다.
그리고, 그날 오후.

이설이는 눈이 빨갛게 부은 얼굴로 내 앞에 섰다.

"이설아, 무슨 일 있었어?"

"…엄마, 나만 부모님 안 왔어."

그 순간, 속이 싸늘해졌다.

"오늘 Family Morning이 있었는데, 이설이 부모님이 안 오셔서 조금 울었어요. 제가 좀 더 따로 안내를 드렸어야 했는데… 죄송해요."

담임 선생님의 말에 나는 순간 멍해졌다.

그게… '학부모 참관 수업'이었다고?

'오 마이 갓…!'

머릿속이 하얘지고, 바닥에 주저앉고 싶은 심정으로 이설이를 안아올렸다.

"엄마는 진짜 몰랐어. 알았으면 무조건 갔지. 진짜 미안해, 이설아."

말을 하면서도 괜히 눈물이 고였다.

이설이는 내 품에 기대 있다가, 작은 목소리로 말했다.

"엄마, 다음엔 꼭 와줘."

짧은 한마디였지만, 그 안에 담긴 서운함과 바람이 오래도록 가슴에 남았다.

낯선 땅에서 처음 겪은 '특별한 날'이 상처가 되었다는 게, 너무나 미안했다.

그날 밤, 이설이를 재우고도 낮의 일이 계속 마음에 남아 잠을 잘 수 없었다. 이대로 집에 있다간 자꾸 가라앉을 것만 같아, 어떻게든 몸을 움직여야만 할 것 같았다.
신발장 정리를 한다고 현관 옆에 쌓아두었던 신발 박스들. 그 안에 고이 넣어두었던 러닝화가 생각났다. 망설임도 없이 신발끈을 조여 매고, 그대로 뉴욕의 밤거리로 뛰쳐나갔다.
차가운 공기가 얼굴을 때렸지만, 오히려 좋았다. 그 순간만큼은 자책과 눈물이 멀어지는 기분이었다. 처음 몇 걸음은 발이 무거웠다. 숨은 금세 차올랐고, 가슴은 답답했다. 그때, 낮에 들었던 이설이의 목소리가 귓가에 다시 맴돌았다.
"엄마, 다음엔 꼭 와줘."
아직은 아프게 남아 있었지만, 뛰는 동안만큼은 그 무게가 조금은 가벼워졌다. 찬 공기가 폐 깊숙이 드나들고, 땀과 눈물이 뒤섞여 흘러내리자, 그제야 머릿속이 조금 비워졌다.

그 순간, 한국에서 달리던 내가 떠올랐다.

오랫동안 일하면서 사람 사이의 무게와 해소되지 않는 감정들 속에 살아가던 내게, 여행도 대화도 그 답답함을 풀어주진 못했다.
그러던 어느 날, 퇴근 후 무작정 길을 걷다 달리기 시작했고, 숨이 터질 듯한 순간에 찾아온 해방감이 나를 붙잡았다.
퇴근길에 교문을 나서며 동네 운동장 트랙을 돌던 밤, 주말마다 강변을 달리던 아침.
'그래, 나는 원래 이렇게 달리며 살아낸 사람이었지.'
낯선 도시가 주는 상실감과 무력감, 적응하느라 바빴던 지난 일상들은, 움직이던 나를 다시 멈추게 만들었다.
그러나 지금, 뉴욕의 밤거리를 달리면서, 잊고 있던 나의 호흡과 리듬이 조금씩 살아나고 있었다.

여느 때처럼 아이를 학교에 데려다 주고 집으로 돌아오던 아침, 늘 보이는 워싱턴 스퀘어 파크(Washington Square Park)에 들렀다.
그날따라 햇살은 눈부셨고, 바람도 딱 좋았다.
매일 지나다니던 공원이지만, 오늘은 한번 기분 좋게 달려보고 싶었다.

깊게 심호흡을 하고 천천히 공원 안을 달리기 시작했다.

뉴욕대의 보라색 깃발이 바람에 펄럭이고, 강아지를 산책시키는 사람들과 벤치에 앉아 수다 떠는 뉴요커들이 눈에 들어왔다. 공원 한가운데 분수대에선 물줄기가 시원하게 솟구치고, 그 주변을 둘러싼 풍경은 늘 예측 불가능한 공연처럼 다채로웠다. 비둘기에게 먹이를 주는 아저씨, 색연필로 스케치북을 채우는 청년, 묘한 리듬에 맞춰 춤을 추는 행위예술가, 그 옆엔 재즈밴드가 라이브 연주를 하고 있다. 삼삼오오 모여 깔깔 웃는 대학생들의 싱그러움도 눈부셨다.

이 모든 풍경이 너무 제각각인데, 이상하게도 서로를 방해하지 않는다. 자유롭고, 조금은 제멋대로이면서도 조화를 이루는 분위기. 그 작은 풍경은 내가 '오늘을 시작할 준비'를 하는 의식처럼 느껴졌다.

때마침 반대편에서 달려오던 한 러너가 나를 보고 미소 지으며 기분 좋게 인사했다.

"Good morning! Good run!"(좋은 아침! 즐거운 러닝!)

낯선 곳에서 건네받은 짧은 인사가 이상하게 오래 마음에 남았다. 그 순간, 나도 이곳의 일부라는 감각이 스며들었다.

낯섦 앞에 움츠러들던 나는, 달리면서 비로소 깨달았다.
멈춰 서 있기보다, 한 발 내딛고 싶다는 마음이 내 안에서 자라나고 있었다.
좀 더 적극적으로 세상 밖으로 나가고 싶다는 마음,
누군가와 연결되고 싶다는 갈망.
그 마음이 마침내 나를 움직이게 했다.

그렇게 나는 길 위에서, 뉴욕을 배우기 시작했다. 그것은 곧 새로운 코스를 달리러 나서는 첫 스타트라인 같았다.

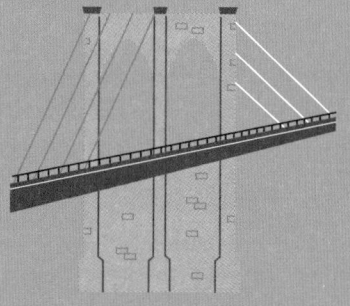

Chapter 2
Pace & Crew – 내 리듬, 우리의 발걸음

"달리는 발걸음 속에서,
나를 찾고 세상과 연결되다."

05.

우리 동네, West Village에서의 아침

"딸, 오늘 하루도 잘 보내! 사랑해!"

등교 인증 같은 이 사랑 고백을 끝으로, 나는 러닝화 끈을 조여 매고 내 하루를 시작했다.

(세상의 모든 어머니들, 이 말이 얼마나 찬란한 문장인지 아시죠?)

그때부터 우리 동네 웨스트빌리지(West Village)의 아침이 펼쳐졌다.

나는 나만의 출근을 했다.

버스나 지하철이 아니라, 푸르른 허드슨 강 쪽으로.

매일의 아침 달리기는 몸을 깨우고, 머리를 맑게 하고, 마음을 조금 더 가볍게 했다.

동네는 언제나 살아 있는 풍경이 넘쳐났다.
바쁘게 뛰어나가는 러너들, 커다란 장바구니에 신선한 식재료를 담아 돌아오는 사람들, 커피 한 잔 들고 유모차를 밀고 나서는 부모들까지, 서로 다른 속도로 움직이지만, 모두 자기 하루를 지켜내고 있었다.
허드슨 강을 향해 천천히 달리기 시작하면, 어느새 마음도, 몸도 가볍게 풀린다. 브라운스톤과 가로수가 이어지는 예쁜 거리. 오늘은 그 길을 따라 서쪽으로 달려보기로 한다. 발걸음을 옮기자, 바람에 펄럭이는 'The Village'라고 쓰인 빨간색 깃발이 먼저 눈에 들어왔다. 마치 "오늘도 출석해?" 하고 나를 불러 세우는 듯했다.

골목을 빠져나오자 푸르고 광활한 허드슨 강이 눈앞에 펼쳐진다. 강 건너 저지시티가 흐릿하게 보이고, 러닝복을 입은 뉴요커들이 하나둘씩 내 옆을 스쳐 지난다. 흐린 날에도, 비 오는 날에도, 이 도시는 멈추지 않고 달리고 있었다. 나도 러닝화 끈을 더 꽉 조이며 그 속도에 몸을 얹었다. 바람이 불어올 때마다 나와 도시의 호흡이 겹쳐졌다.

"오늘은 남쪽으로 내려가볼까?"

푸른 강물 옆을 따라 몸을 풀 듯 서서히 속도를 올렸다. 맞은편에서 검은 개를 산책시키던 노부부가 익숙한 듯 고개를 끄덕였다. 처음엔 그 인사조차 낯설었지만, 이제는 내가 이 동네의 아침 루틴 속에 조금씩 포함된 것 같아 괜히 마음이 놓였다. 반짝이는 강물, 바람에 스치는 머리카락, 스쳐 간 인사의 온기. 이런 감각들이 오늘 하루를 살아갈 수 있는 에너지가 된다.

멀리 원월드트레이드센터(One World Trade Center)의 웅장한 모습이 보이고, 발걸음은 점점 더 가벼워진다. 4km쯤 달리면 배터리파크(Battery Park)가 눈앞에 펼쳐진다. 멀리 자유의 여신상이 모습을 드러내자, 숨이 거칠어지면서도 나도 모르게 중얼거렸다.

"그래, 오늘도 잘 보내고 있어."

그건 다짐이라기보다, 내 안에서 새어 나온 작은 안도 같았다.

때론 북쪽으로 올라간다.

리틀아일랜드(Little Island)의 아기자기한 정원, 하이라인

(The High Line)의 조경, 첼시(Chelsea)의 예술적인 거리들. 아침 일찍 하이라인을 달릴 때는 사람이 거의 없어 마치 내가 전세 낸 듯한 기분이 든다. 낯선 도시에서 처음 마주한 '나만의 공간'. 숨을 고르고 고개를 들면, 햇살에 물든 건물들이 반짝인다.

마음이 동하는 날엔 러닝을 마친 후 휘트니 뮤지엄(Whitney Museum of American Art)에 들르기도 한다.

달리다가 미술관에 들르다니, 한국에선 상상조차 못한 일이었다. 땀에 젖은 티셔츠 차림으로 루프탑에 서 있으니, 그 순간이야말로 가장 사치스러운 풍경 같았다.

나중에 집에 돌아가서 아이가 "엄마, 오늘 뭐 했어?" 하고 묻는다면, "달리다 말고 뮤지엄에 갔다 왔지."라고 말할 수 있는 삶. 뉴욕에서만 가능한, 조금은 특별한 아침이다.

몸이 한껏 달아오른 채 집 근처로 돌아오면, 자주 가던 카페에 들러 커피를 산다. 운동 후의 찬 공기와 커피 향이 뒤섞일 때, 마치 모든 것이 리셋되는 기분. 시원한 아메리카노를 벌컥벌컥 마시며 길가 의자에 앉아 숨을 고른다. 뉴욕의 아침 풍경이 다시 천천히 눈에 들어온다. 사람들의 걸음, 아이들의 웃음소리, 커피잔 부딪히는 소리. 이 모든 장면들이 내가 직접 살아내고 있는 어떤 영화의 한 장면 같다.

아침을 먹지 않고 달린 날이면, 베이글 집에 들르지 않고는 못 배긴다. 갓 구운 베이글에 크림치즈, 얇게 썬 토마토를 얹어 한 입 베어 물면, 세상이 잠깐 멈춘다. 운동 후 허기진 몸에 그 고소하고 짭조름한 풍미가 퍼질 때, 그건 단순한 음식이 아니라 세상에서 가장 맛있는 보상이고 기쁨이다.

가끔은 농담처럼 생각한다. 아마 내가 달리기를 하는 진짜 이유는… 이 베이글을 더 맛있게 먹기 위해서일지도 모른다고.

하지만 이 아침 달리기의 진짜 선물은 따로 있었다.

한국에서의 나는 늘 누군가의 시간을 먼저 챙기는 사람이었다. 눈을 뜨면 가장 먼저 울리는 건 학생의 병결 문자, 학부모의 긴급 연락, 동료 교사의 아침 인사보다 빠른 문의들. 동시에 내 아이의 등교 준비도 챙기면서. 늘 타인의 리듬에 하루를 열며 살아왔던 나였다.

그런데 이곳 뉴욕에선 이상하게도, 하루가 조용히, 오롯이 나로부터 시작됐다.

휴대폰은 묵묵했고, 음악은 내가 고른 걸로, 길 위를 걷고 뛰는 이 아침까지, 조금씩 나의 시간이 되어갔다.
그리고, 그게 꽤 좋았다.

뉴욕에서는 아무도 내 이름을 부르지 않았다.
그 공백이 처음엔 허전했지만, 곧 '내 시간'으로 채워졌다.
길 위에서 나는 선생님도 엄마도 아닌, 그냥 '나'였다.
외롭고 투명인간 같던 그 공백의 날들이 '달리기'로 채워졌다.
집 안에서 작아지던 내가, 길 위에선 조금씩 커지고 있었다.
몸이 먼저 움직였고, 마음이 따라붙었다.

낯선 거리와 공원에서 뛰기 시작했고, 모르는 카페 문을 밀고 들어가 아침을 맞이했다.
"괜찮아, 이렇게 해보는 거지 뭐."
그렇게 중얼이며 하루를 여는 이 작은 용기들이, 나를 천천히 움직이게 했다.
어쩌면, 마음 깊숙한 곳의 외로움, 잊혀질지도 모른다는 조용한 초조함도, 그 덕분에 조금은 편안해졌는지도 모르겠다.

웨스트빌리지에서의 아침.

나는 여전히 어설프고 낯선 이방인이었지만,

적어도 이 길 위에서만큼은,

내가 조금씩 달라지고 있다는 걸 느낄 수 있었다.

그리고 그걸 느끼는 것만으로도, 오늘 하루는 충분했다.

동네 러닝루트

West Village~허드슨 강 남쪽 (왕복 7km)
West Village - Pier 45, Hudson River Park(South) – Battery Park City

West Village~허드슨 강 북쪽 (왕복 6km)
West Village - Pier 46, Hudson River Park(North) - Little Island

하이라인 및 첼시 (왕복 4km)
Whitney Museum – The High Line – Vessel

워싱턴스퀘어파크 (3km)
Washington Square Park

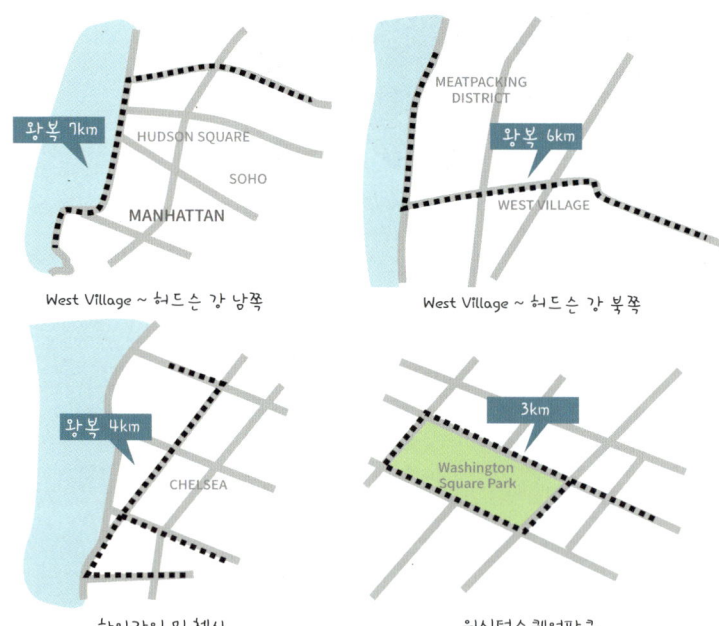

06.
PS41 Run Club, 건강한 삶을 가르치고 배우는 학교

"초등학교에도 런클럽이 있다고?"

사실 떠올려보면, 학교와의 첫 만남부터 러닝은 이미 내 주변에 있었다.

뉴욕에 도착한 지 얼마 안 되었을 때, 이설이 학교 투어를 갔던 날이었다. 아기자기한 골목을 셋이 함께 걸어가는데, 저 멀리 민트색과 연노랑 건물, 커다란 창문이 보였다. 눈에 들어온 풍경은 마치 동화책 속 장면 같았다.

드디어 이설이가 다닐 초등학교, PS41, Greenwich Village School에 도착한 것이다.

교실 문이 열리자 아이들의 웃음소리가 와르르 쏟아져 나왔다. 낯선 교실 풍경 앞에서 나는 이설이의 손을 더 꼭 잡았다.
'우리가 너무 멀리 와버린 건 아닐까. 괜찮을까.'
학교는 내게 늘 익숙한 공간이었지만, 지구 반대편의 교실은 낯설고 긴장되었다. 이곳은 내게 아직 '가능성'이 아닌 '불안'으로 보였다.

그때, 첫 담임 선생님이신 Ms. Nancy가 우리를 발견하고 환한 얼굴로 다가왔다. 인사를 나누며 어설픈 영어로 대화 몇 마디가 이어지던 찰나, 눈에 확 들어온 것은 선생님의 티셔츠였다.

선명한 파란색, 햇살 아래서 유난히 밝아 보이던 티셔츠.
'New York City Marathon Finisher'(뉴욕 마라톤 완주자)라는 문장이 눈에 들어왔다.

"…엇, 선생님, 혹시 러닝 좋아하세요?"
어쩌면, 살짝 열린 창문처럼 보인 공통점에 본능적으로 매달리고 싶었던 걸지도 모른다.
선생님의 눈빛이 반짝였고, 그 웃음은 티셔츠보다 먼저 내 경계를 무너뜨렸다.

"오, 정말요? 저 매년 뉴욕 마라톤 참가해요! 이번 해에도 뛸 거예요."

러닝 얘기로 시작된 짧은 대화 속에, 놀랍도록 빨리 내 마음의 얼음이 녹아내렸다. 어색함이 스르르 사라지고, 설렘이 고개를 들었다. 영어도 잘 못하면서 '이 사람과 더 이야기하고 싶다.'라는 마음이 드는 건, 참 신기한 일이었다. 선생님의 팔뚝에는 반팔티 아래로 살짝 남은 러닝 자국이 선명했다. 땀과 시간으로 새겨진, 활달한 삶의 흔적이었다.

'담임 선생님이라기보다는… 런클럽에서 만난 러닝 친구 같은 느낌이네.'

언어는 부족했지만, 달리기는 우리 사이를 가볍게 연결시켰다. 외국의 낯선 도시에서 처음으로 다른 사람과 '통한다'는 감각이 찾아왔다.

곧이어 학교 체육관에 들어서자 가장 먼저 눈에 들어온 건, 커다란 팻말이었다.

"PS41 Run Club."

수많은 낯선 단어 속에서도, 단 하나 'Run'이라는 단어만은 유난히 또렷하게 읽혔다.

그 순간, 내 마음속 어둡던 창문이 살짝 열리는 것 같았다.
하이틴 영화에서 튀어나온 듯한 넓은 공간. 이설이는 트랙을 몇 바퀴 가볍게 돌고는, 숨이 찬 채 웃었다.

"학교 런클럽이 뉴욕시 대회에서 우승도 했어요. 이설이도 나중에 꼭 들어오렴."

선생님의 다정한 말에, 그 풍경은 내게도 오래전 잊고 있던 설렘을 불러왔다. 어쩌면 이 도시에서, 나를 가장 잘 설명해 줄 언어는 달리기일지도 모른다고.

드디어 새 학년이 되자, 이설이가 고대하던 학교 런클럽 'PS41 Run Club'에 들어갔다. 학교에서 가장 중심적인 클럽 활동이었고, 친구들 대부분이 참여하고 있었다. 말이 서툴러도 평소 잘하는 달리기로 인정받으며 함께 하고 싶다는 작은 바람이 있었던 걸까.

그리고 런클럽 코치는 새로 만난 담임 선생님인 Ms.Duerson 이었다. 단단하면서도 따뜻한 눈빛, "한 바퀴 더!"라고 외치는 단호한 목소리. 이미 풀코스 마라톤을 여러 번 완주한 베테랑 러너였다.

나는 매주 화요일마다 아침 일찍 런클럽 활동을 지켜보러 나가곤 했다. 학교 운동장 트랙에 모인 아이들, 커피를 들고 응원하러 온 부모들, 곧이어 웨스트빌리지의 골목을 달려 나가는 작은 러너들.

"Ready? Let's go!"(준비됐지? 출발!)

코치의 외침에, 파란색 티셔츠에 적힌 숫자 41이 바람에 펄럭이고, 길가에서는 주민들이 "Go, kids!"(가자, 얘들아!)를 외치며 손을 흔들었다. 칠판 대신 골목길, 책상 대신 보도블럭. 그 순간, 내 마음도 뜨거워졌다.

아이들은 숨을 헐떡이면서도 마주보며 눈을 반짝였고, 얼굴엔 해맑은 땀이 맺혀 있었다. 달리기를 마친 후, 동그랗게 모여 손을 내밀고 구호를 외치는 모습은 함께 살아가고 있다는 증거이자, 친구를 향한 지지였다.

그 모습을 보며, 건강하게 달리는 건 단순한 체육 활동이 아니라는 걸, 삶을 배우는 법이자 함께 자라는 방법이라는 걸 깨닫게 되었다.

'이런 습관을 아이들에게 가르칠 수 있다면 얼마나 멋진 일일까.'

언어가 서툴러도 달리기 하나면 이미 마음이 통하고 있었다.
그리고 아이가 친구들과 즐겁게 웃으며 달리는 얼굴만으로도 뉴욕에서의 불안은 눈 녹듯 사라졌다.

교문 앞이 곧 스타트 라인이라는 사실은 내겐 신선한 충격이었다. 뉴욕에선 달리기가 이미 생활의 일부, 문화의 일부였다. 아이들이 달리기를 통해 삶을 배우고, 마을이 함께 아이들을 응원하는 풍경.

솔직히 아이들만 가입할 수 있다니, 이건 불공평했다. 그날은 나도 신청서를 쓰고 싶었다.
"PS41 Run Club 신규 회원, 어른도 좀 받아주지 말이에요!"

그 불만(?)은 곧,
나를 소호(SoHo)의 낯선 골목으로 불러냈다.

07.
나의 첫 달리기 친구들, Bridge Runners

비가 부슬부슬 내리던 어느 수요일 밤. 나는 소호의 스프링 스트리트(Spring Street), 어두운 골목 끝 작은 가게 앞에 서 있었다. 문은 굳게 닫혀 있었고, 불도 꺼져 있었다. 이곳이 맞나 두리번거리는 내 눈에, 'BRIDGE RUNNERS'라는 깃발 하나가 바람에 나부꼈다.

Bridge Runners.
2003년, 창립자 Mike Saes가 친구들과 "뉴욕의 다리를 건너며 달려보자."고 나선 작은 모임에서 시작됐다.
Bridge Runners는 단순한 '달리기 모임'이 아니었다. 더 자유롭고 도시적인 결을 가진 공동체였다. 기록을 위한 훈련보다는 도시와 예술, 음악, 사람들을 잇는 새로운 방식의 러닝. 낯선 사람들을 다리 위에서 만나 연결시키는 그 정신은, 지금도 뉴욕 러닝 문화의 상징이자 뿌리로 남아 있다.

그 리듬은 바다를 건너 서울까지 이어졌다.

서울의 'PRRC(Private Road Running Club)'는 바로 이 뉴욕 러닝 문화에서 영감을 받아 만들어진, 한국에서 가장 오래된 러닝 크루 중 하나였다. 그리고 그 안에서 여성 러너들이 자기만의 페이스로 달리고 싶어 만든 또 하나의 모임이 '서울비너스(Seoul Venus)'였다.

그래서 한국에서 함께 달리던 PRRC와 서울비너스 친구들은 늘 말했다.

"뉴욕에 가면 꼭 Bridge Runners에 가봐. 거기가 '시작'이야."
"같이 달리면, 혼자 뛸 땐 못 보던 풍경이 보여. 뉴욕에 대해 더 잘 알게 될 거야."

떠나기 전 건네받은 그 말들이, 이날 밤 유독 크게 들렸다. 그리고 낯선 도시에 가서도 내가 붙잡을 수 있는 유일한 언어처럼 느껴지기도 했다. 그들이 손에 쥐어준 러닝 티셔츠 한 장은 단순한 옷이 아니라, 낯선 길에서도 흔들리지 않을 작은 깃발 같았다.

하지만 집을 나서기 전까지, 나는 수십 번이나 안 갈 이유를 만들었다.
'아무도 모르잖아.'
'말도 안 통하고.'
'뒤처지면 어쩌지?'
'밤에 달리다가 무슨 일이라도 생기면….'
남편도 걱정스레 말했다.
"오늘 같은 날엔… 그냥 가지 않는 게 낫지 않을까?"
비도 오고, 꽤 추웠고, 밤늦게 낯선 사람들과 달리는 건 그 말만 들어도 충분히 부담스러웠다.

그럼에도 나는, 갔다. 가고야 말았다. 혼자 뛰는 것도 좋았지만, 함께 뛰는 그 감각이 궁금했으니까.
결국 내 마음속에 울리던 건 하나였다.
"Just Show Up!"(그냥 나와!)

그 말대로, 나는 낯선 골목 한가운데 나를 세웠다.
달리기 하나로 이 도시와, 그리고 어쩌면 예전의 나와도 연결될 수 있을까?

그 첫 장면이, 그날 밤의 공기처럼 천천히 펼쳐졌다.
모임 시간이 되자 뉴욕의 러너들이 하나둘 골목 안으로 들어오기 시작했다.
그중 한 명이 나를 향해 환하게 손을 흔들며 말했다.
"Hey! You here for Bridge Runners?"
(브리지 러너스에 러닝하러 오셨어요?)
나는 얼떨결에 고개를 끄덕였고, 내게 말을 건넨 그 순간부터 '혼자'라는 감각이 조금씩 사라졌다.

곧 크루의 창립자 Mike가 모습을 드러냈다.
아, 이 사람이 바로 뉴욕의 러닝 문화 20년을 이끌어온 그 Mike구나. 희끗한 곱슬머리와 장난기 어린 눈웃음. 설명만 듣던 인물을 실제로 만나자, 연예인을 만난 듯 신기하고 반가웠다. 내가 어설픈 영어로 인사를 건네자, Mike가 환한 얼굴로 말했다.

"오, James한테 얘기 들었어. 서울의 PRRC에서 왔다고?"
그 한마디가 낯선 밤에 불을 켰다.

James Lee McQuown—PRRC의 공동 창립자. 그는 전 세계의 마라톤과 러닝 크루를 넘나들며, 도시와 도시를 잇는 길을 넓혀온 사람이었다. James가 만들어놓은 연결의 지도가 내게도 길이 되었다.

Mike와 James는 서로의 도시를 오갈 때마다 함께 달리고, 각자의 커뮤니티를 소개해온 사이라고 했다. 존중은 신뢰가 되었고, 그 신뢰 위로 또 다른 사람들이 이어졌다. 그 덕분에 나는 누군가의 신뢰가 나를 대신 소개해 주는 순간을 경험했다. 그리고 따뜻한 환대를 받았다.

낯선 골목, 낯선 도시, 낯선 밤. 그 속에서 누군가 나를 '알고 있다'는 사실은, 생각보다 훨씬 더 큰 위안이었다.

함께 뛰기로 모인 사람들은, 그야말로 다국적 군단이었다.
"엇, 한국분이세요?" 한국어가 통하는 유일한 러너, 연제님의 인사에 마음이 풀렸고, "PRRC, I follow you on Instagram!"(나 PRRC 인스타그램 팔로우하고 있어!) 하며 말을 건넨 남성 러너는 이미 우리를 알고 있었다.

Bridge Runners와 함께 한 러닝루트

Downtown Manhattan (10km)

SoHo – Greenwich Village – Washington Square Arch – NoHo(Astor Place Cube) – Lower East Side – Mahattan Bridge – SoHo

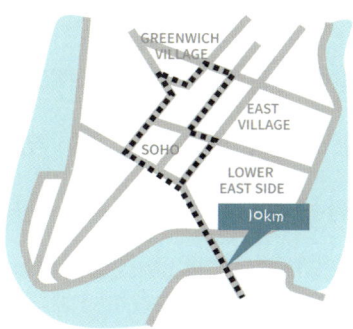

그 외에도 긴 장대 같은 카메라를 들며 거리를 찍는 금발의 사진가 러너, 수줍은 미소로 코스를 설명해준 독일인 여성, 종알종알 귀여운 호주 유학생, 그리고 시작 전부터 내게 웃어준 단단한 인상의 중국계 언니까지.
언어도, 나이도, 국적도 제각각이었지만 그 누구도 먼저 묻지 않았고, 그 누구도 뒤처지게 내버려두지 않았다.

그날의 코스는 '처음 뉴욕에 온 나를 위한 코스'처럼 느껴졌다. Mike가 뉴욕 구경을 시켜주듯이 다운타운 이곳저곳을 재미나게 이끌었다. 그의 머릿속엔 구글맵이 장착되어 있는 듯했다. 우리는 비가 살짝 내려 반짝이는 소호의 거리를 내달렸고, 워싱턴스퀘어 아치에서 단체 사진을 찍고, 애스터플레이스(Astor Place)의 커다란 큐브를 뱅글뱅글 돌리며 웃음을 터뜨렸다.
심지어 우리는 소호의 한 뮤지엄의 오프닝 파티에 잠시 들러 전시품을 구경하기도 했다.
그중 한 층엔 연기가 자욱했고, 벽에는 큼직하게 'Cannabis'라는 단어가 쓰여 있었다. 영어울렁증이 있던 나는, 거기가 대마초 전시장이라는 걸 며칠이 지나고서야 알았다. 뉴욕에선 합법이라더니, 전시까지 할 줄이야. 뭣도 모르고 뮤지엄 루프탑에서 신나게 단체 사진을 찍고 웃던 내 모습이 떠올라 피식 웃음이 났다. 달리기 중간에 이런 경험까지 하게 될 줄은 꿈에도 몰랐다.
아무튼, 뉴욕이니까 가능한 순간들.
그때의 나는, 뉴욕의 밤거리에서 눈을 반짝이며 뛰는 새내기 학생 같았다.
낯선 도시가 그렇게, 조금은 익숙해지기 시작했다.

그룹 러닝의 마지막 코스는 맨해튼 브리지(Manhattan Bridge) 왕복이었다.
브리지 초입에서 두 그룹으로 나누었다. 브리지를 왕복할 그룹, 그리고 처음 모였던 장소로 먼저 돌아갈 그룹.
"Sunmin, 너는 어떻게 할 거야?"
그 물음에 잠깐 멈칫했지만, 나는 곧 결정을 내렸다.
한국 러너로서, 끝까지 완주하는 모습을 보여주고 싶었다. 그리고 무엇보다, 뉴욕의 브리지를 직접 달리는 경험도 해보고 싶었다. 다리를 건너 브루클린까지 갔다가 다시 돌아오는 루트라고 했다.

'얼마나 걸릴까? 너무 늦게 끝나는 건 아닐까?'

손목 시계를 보니, 이미 밤 9시 30분을 지나고 있었다. 머릿속엔 여러 의문이 떠올랐다.

게다가 브루클린은 나에게 생소한 동네였다. 그날이 처음이었다. 맨해튼 안에서만 생활했기에 거리감도 잘 잡히지 않았고, 왠지 모르게 조금은 무서울 것 같은 이미지가 머릿속에 자리하고 있었다.

그럼에도 나는 조용히 고개를 끄덕이고, 그들과 함께 달리기 시작했다.

밤에 뉴욕의 다리를 달리는 것 또한 처음이었다.

막상 다리 위에 올라서자 두려움이 훅 밀려들었다.

어둠이 드리운 보행로, 드문드문 켜진 조명, 차가운 철조망과 강한 바람. 가끔 쿵쾅대며 지나가는 지하철 소리와 내 옆을 불빛 하나 남기고 사라지는 자전거들.

어느 순간부터, 함께 뛰던 사람들과의 거리가 벌어지기 시작했다.

'아, 나 브리지 왜 달린다고 했지?'

'이제 와서 그만두면 그냥 바보잖아.'

마음의 소리들 속에 허우적거리고 있을 때, 내 앞의 러너들은 점점 멀어졌고, 나는 키 큰 남성 러너의 등만 보고 뒤쫓듯 달리고 있었다. 그마저도 놓치면 여기 혼자 덩그러니 남겨질 것만 같았다. 그러나 그의 다리가 어찌나 긴지 아무리 힘을 짜내 달려도 그와는 점점 멀어져 가고 있었다. 호흡은 거칠어지고, 종아리는 묵직했다. 다리는 여전히 움직였지만, 속도는 자꾸 뒤로 밀려났다. 달리는 게 아니라, 버티고 있는 기분이었다.

가쁜 숨을 몰아쉬며 오르막을 오르는 중,
'혹시 이대로 나를 두고 다들 가버리면 어떡하지?'
'누가 나한테 시비라도 걸면? 여긴... 괜찮은 곳 맞나?'
걱정이 점점 커지고, 발걸음은 점점 무거워졌다.

그 순간,
내 뒤에서 다정한 목소리가 들려왔다.
"I got you."(내가 보고 있어.)
그 한마디에, 어깨에 잔뜩 걸려 있던 겁과 긴장이 스르르 풀렸다. 마치 뉴욕 한복판에서 누가 조용히 말풍선을 꺼내 보여주는 듯했다.

'괜찮아, 내가 보고 있어.'

바람은 덜 차고, 심장은 덜 폭주했다.

(물론, 종아리는 여전히 비명을 지르고 있었지만.)

낯익은 얼굴이었다.

러닝 시작 전 나에게 웃으며 인사를 건넸던, 조용하고 단단한 인상의 중국계 여성 러너.

그녀는 어느새 내 옆에 와서, 내 페이스에 맞춰 뛰기 시작했다.

"자전거 조심해, 뒤에서 와!"

"곧 끝이야, 걱정 마."

짧은 말들이 리듬처럼 이어졌고, 그 말들이 이 다리 위를 조금은 덜 춥게 만들어주었다.

나는 그 어둡고 긴 다리 위에서, 혼자가 아니었다.

그리고 다리 끝, 브루클린에 다다르자 먼저 도착한 뉴욕의 러너들이 나를 향해 손을 내밀고 있었다. 반가운 얼굴들이 길을 열어주듯 팔을 벌렸고, 나는 그 사이로 들어서며 환하게 웃었다.

해냈다는 기분.

그리고 함께한다는 것의 깊은 위로.

그건, 생각보다 훨씬 크고 따뜻했다.

언어도 잘 통하지 않고, 그렇게 잘 뛰지도 못하지만, 오늘 밤만큼은, '함께' 뛰는 '친구'로서, 우리는 그렇게 강한 연대감으로 묶였다.

브루클린에서의 잠깐의 환대와 안도감 속에, 우리는 다시 맨해튼 쪽으로 돌아가기 시작했다.

돌아오는 길은 확실히 다르게 느껴졌다.

어둡고 싸늘했던 다리는 여전히 그 자리에 있었지만, 이제는 그 위를 함께 달리는 사람들이 눈에 들어왔다. 달리는 발소리, 짧은 숨소리, 자전거 불빛, 지나가는 지하철 소리까지. 모든 게 갑자기 친근하게 들렸다.

같은 길인데, 두려움 대신 리듬이 들렸다.

강한 바람에 머리칼이 휘날리고, 차가운 공기에 뺨이 얼얼했지만, 마음은 그 어느 때보다 따뜻했다.

맨해튼으로 들어와서도, 모든 가게가 문을 닫아 썰렁한 차이나타운(China Town)의 거리도, 그래피티가 가득한 로어이스트사이드(Lower East Side)도 모두가 같이 달리는 한 너무나 든든했다. 뉴욕의 어떤 곳이라도 갈 수 있을 것만 같았다.

그렇게 다시 출발 지점에 돌아왔을 때, 내 러닝 앱에는 '10km' 라는 숫자가 찍혀 있었다.

믿기지 않았다.
혼자였으면, 아마 절대 완주하지 못했을 거리였다.
모두가 한두 명씩 숨을 고르며 모여들었고, 누군가는 하이파이브를, 누군가는 어깨를 툭 치며 격려를 건넸다. 우리는 서로의 이름을 정확히 알지 못했지만, 그 밤, 우리는 분명히 연결되어 있었다. 누군가는 카메라를 들고 다시 기록을 시작했고, 누군가는 다가와 "Great run tonight."(오늘 밤 달리기 좋았어.)이라고 웃으며 말했다. 그렇게 자연스럽게, 따뜻하게. 누구도 강요하지 않았고, 누구도 혼자 두지 않았다.

뉴욕의 밤거리, 낯선 도시, 낯선 사람들. 그 속에서 나는 한 사람으로, 한 러너로, 함께 했다는 감각으로 가득 찼다. 그날 이후, 나는 맨해튼 브리지를 지날 때마다 생각하게 될 것이다. 처음 그 다리를 건넜던 밤을. 내가 두려움을 안고 뛰기 시작했던 그 순간과
"혼자가 아니었다"는 걸 처음으로 실감했던, 그 말을.

달리기는 단순한 운동이 아니라 사람과 연결되는 방법이 되었다.

"I got you."(내가 보고 있어.)
그 짧고 단단한 한마디에,
나는 뉴욕 한복판에서 조용히 마음을 내어주고 말았다.
진짜 뉴욕식 Crew Love,
첫 페이지부터 진하게 시작됐다.

08.

여성 러너들의 연대와 자매애, Girls Run NYC

Bridge Runners가 뉴욕 러닝 문화의 시작이었다면, Girls Run NYC는 그 길을 여성의 목소리로 확장한 공동체였다. 도시와 예술을 잇는 자유로운 움직임에서, 여성들이 안전하게, 또 당당하게 달릴 수 있는 공간으로.
나는 그 두 세계 모두를 직접 뛰어보고 싶었다.
뉴욕만의 이야기가 아니었다. 서울에서도 이미 비슷한 흐름이 자라나 있었다.
PRRC에서 달리던 여성들이 "우리가 우리의 속도

에 맞춰 달려보자."는 마음으로 모여 시작한 모임, 서울비너스. 나는 그곳에서 처음으로 '함께 달리는 즐거움'을 배웠다.

"서울비너스에서 같이 한 번 뛰어볼래?"
코로나로 세상이 멈춰 있던 어느 날, 혼자 한강을 달리던 내게 이웃인 솔네 언니가 말했다.
그녀는 James의 아내이자, 이설이의 친구 엄마. 러닝에서는 동료였고, 일상에서는 이웃이었다. 한 사람의 역할이 이렇게 다채로울 수 있을까 싶었지만, 그녀는 나에게 러닝의 세계를 연결해준 첫 번째 사람이었다.
돌아보면, 내 뉴욕 러닝 여정은 솔네 언니의 다정한 초대에서 이미 시작되고 있었다.

그날 이후, 달리기는 더 이상 운동만이 아니었다. 공동체가 주는 회복은 깊었고, 연결은 강력했다.
비 온 뒤 트랙에서의 찰박거리는 소리, 한강 러닝 끝나고 마셨던 시원한 맥주 한 모금, 재잘재잘 수다 속에서 오갔던 웃음들. 몸과 마음이 천천히, 건강하게 살아났다.
혼자 달릴 때의 고요도 좋았지만, 여럿이서 달리는 순간은 더

즐겁게, 더 멀리 갈 수 있었다. 10km 레이스도, 높게만 느껴졌던 하프마라톤의 장벽도 비너스 친구들과 함께라면 신나게 넘을 수 있었다.

그래서였을까.
뉴욕으로 가게 되면서, 나는 막연히 바랐다.
'그곳에서도 이런 숨결과 웃음을 함께 나눌 수 있으면 좋겠다.'

그런 나의 마음이 닿았던 건지, 마지막 날 트랙에서 비너스의 애리와 나란히 달리게 된 건 우연이었지만 선물 같았다. 애리는 한국계 미국인으로, 미국에서 자라 지금은 한국에서 직장 생활을 하고 있었다.
"언니, 뉴욕 가신다면서요? 저 예전에 뉴욕에서 꽤 오래 살았어요."
그녀는 숨을 고르며 반가운 눈빛으로 말을 이었다.
"뉴욕에 정말 멋진 여성 러닝 크루가 있어요. 'Girls Run NYC'라고, 매주 수요일 밤 브루클린을 달려요. 저도 거기서 뛰었었는데… 그냥 러닝 모임이 아니에요. 도시를 움직이는 여자들이에요."

그 말을 듣는 순간,

이상하게도 가슴이 뛰었다.

뉴욕을 달리는 여자들.
아니, 뉴욕을 주도하는 여자들.
그들과 함께 뛴다면, 내 뉴욕은 전혀 다른 얼굴을 보여줄 것만 같았다.

뉴욕에 도착해 처음 마주한 건, 쉼 없이 달리는 도시의 풍경이었다. 지하철 계단, 브루클린 브리지, 센트럴파크 러닝 트랙. 어디서든 사람들이 같은 방향으로 호흡을 맞추며 달리고 있었다. 그 광경을 보는 순간, 나는 아직 풀지 못한 이삿짐을 문 앞에 두고라도 뛰고 싶어 몸이 근질거렸다.
하지만 도시의 에너지는 언제나 양면이었다.
뉴욕은 '멜팅팟(melting pot)'이라는 별명처럼 다양한 언어와 배경이 섞여 있었지만, 그 다양함이 때로는 벽처럼 나를 밀어냈다.
나는 점점 고립된 작은 섬이 되어 갔고, 하루하루는 '적응'을 위한 끝없는 시합 같았다. 도시 속에 연결되기 위해, 더욱 밀도 높게 촘촘히 하루를 살았다.

그래서 더더욱 갈망했다.

누군가의 엄마도, 아내도, 교사도 아닌, 그냥 '나'로 존재할 수 있는 공간을.

그리고 드디어, 수요일 밤이 왔다.

손에 꽉 쥔 휴대폰 배터리는 10%로 빨갛게 깜빡이고 있었고, 마치 내 심장도 똑같이 불안한 경고등을 켠 듯 뛰고 있었다. 게다가 이런 순간에 한 번씩 허당미를 발휘하는 내가 아닌가. (휴, 내 허당미는 뉴욕까지 따라왔다.)

그래도 두근거리는 가슴을 안은 채, 나는 윌리엄스버그(Williamsburg)로 향했다.

SNS로만 보던 Girls Run NYC의 리더들, 그리고 뉴욕의 여성 러너들. 이제 그들과 같은 속도로, 같은 리듬으로 달릴 순간이 눈앞에 있었다.

Girls Run NYC는 특별했다.

뉴욕의 밤거리, 여성들이 안전하게 함께 달릴 수 있는 공동체. 창립자는 Jessie Zapo였다. 원래 Bridge Runners에서 뛰던 그녀는, 달리는 동안 깨달았다. 여성만의 공간이 필요하다는 것을.

그렇게 시작된 Girls Run NYC는 단순한 러닝 모임이 아니었다. 각자의 페이스로 달리고, 자기만의 호흡을 지키며, 건강한 자아를 키울 수 있는 곳. 전 세계에서 모여든 여성들이 서로 연결되고, 소통하며, 안정감을 느끼는 곳.

그녀와 함께 Ameerah, Sheshe까지. 세 명의 리더가 Girls Run NYC의 심장이었다.

Jessie는 차분히 웃으며 "Welcome!"(환영해!)을 건넸다.
내가 "한국의 서울비너스에서 왔다."고 소개하자, 그녀의 얼굴이 더 환하게 펴졌다.
"아, 애리 알아요!"라고 반갑다는 듯 웃으며 바로 내 SNS를 팔로우했다. 그 적극적인 환대에, 낯선 브루클린 밤공기가 갑자기 따뜻해졌다.
경쾌한 단발머리를 흔들며 앞서 달리는 그녀의 뒷모습은, 모두를 같은 리듬으로 묶어주는 축 같았다.
Ameerah는 언제나 부드럽고 우아했다.
속도가 느린 러너 곁을 조용히 지키며, "괜찮아, 천천히 와도 돼."라고 웃어주었다.

그녀의 미소 하나에 호흡이 풀리고, 발걸음이 조금 더 가벼워졌다. 그 모습은 언젠가 나도 누군가를 챙길 수 있으면 좋겠다고 생각하게 만들었다.

그리고 Sheshe!

그녀가 등장하는 순간, 분위기는 자동으로 업됐다.

"Come on, ladies! Keep it up!"(가자, 언니들! 끝까지 쭉쭉!)

해맑은 웃음, 쾌활한 농담, 장난 섞인 손짓 하나로 러너들의 어깨가 풀렸다.

아마 수요일 밤의 공식 '텐션 담당'은 100% 그녀였다.

언제부턴가 나도 그녀의 목소리에 맞춰 리듬을 타고 밝게 웃고 있었으니까.

세 리더는 서로 다른 색깔이었지만, 함께 있을 때 완벽한 화음을 이루었다. 다 다르지만, 모두가 중심이었다.

그 리듬 속에서 Girls Run NYC는 매주 브루클린 거리 위에 살아 숨 쉬는 공동체가 되었다.

그리고 그곳은 내게도 문을 열어주었다.

누구도 내 직업이나 나이를 묻지 않았고, 페이스를 재지도 않았다. 그저 함께 달리고, 함께 숨 쉬고, 함께 외쳤다.
거창한 대화는 없었지만, 눈빛 하나, 땀 한 방울만으로도 충분히 마음이 이어졌다.

"You got this, Sunmin!"(할 수 있어, 선민!)

낯선 도시의 공기 속에서 처음 내 이름이 불린 순간, 심장이 한 번 더 뛰었다. 그 짧은 호명이, 내가 이곳에서 사라지지 않는 사람이라는 증거처럼 느껴졌다. 서울의 트랙에서 이어진 리듬이 브루클린 밤거리에서 다시 살아나고 있었다.

그곳에서, 나는 비로소 '존재'할 수 있었다.
그날 이후, 수요일 밤은 뉴욕에서 내 이름을 불러주는 또 하나의 집이 되었다.

09.
브루클린의 수요일 밤, 달리며 이어진 마음들

나는 Girls Run NYC와 함께 매주 윌리엄스버그 브리지(Williamsburg Bridge)나 맥캐런 트랙(McCarren Track)을 달렸다.

훈련은 늘 다채로웠다. 어떤 날은 땀이 비 오듯 쏟아지는 강도 높은 인터벌, 또 어떤 날은 몸을 천천히 푸는 워밍업.

시작 전엔 언제나 둥그렇게 둘러서서 자기 소개와 짧은 아이스브레이킹을 했다.

"오늘의 질문은… 내가 제일 좋아하는 간식!"

그 순간이면 긴장하던 얼굴이 금세 풀리고, 처음 온 사람도 자연스레 웃음을 터뜨렸다.

폴란드 러너는 누구나 좋아하는 초콜릿을, 프랑스 러너는 크루아상을 말했다. 내가 "떡볶이!"라고 했을 때는 모두가 눈을 동그랗게 뜨며 "Spicy?!"(매운 거?!) 하고 놀라워했다.

뉴욕에 살지만, 우리 배경은 제각각이었다. 미국의 다른 도시들, 그리스, 핀란드, 이란, 일본, 한국… 하지만 함께 뛰는 순간, 국적보다 중요한 건 단 하나였다. 달리고 싶은 마음, 함께하고 싶은 마음. 그걸로 충분했다. 언제나 우리는 달리고, 웃고, 사진을 찍었다. 누군가의 완벽한 영어 대신, 서로의 헐떡이는 숨소리가 우리를 이어주었다.

나 역시 매주 수요일 밤을 손꼽아 기다렸다.

(물론, 다음 날 찾아오는 근육통은 또 다른 이야기였지만.)

하지만 뉴욕의 일상은 생각보다 더 자주 나를 혼자 두었다. 남편은 출장으로 집을 비우는 날이 많았고, 낯선 도시에서 아이와 하루를 버티는 건 내 몫이었다.

그럼에도 나는 이 소중한 달리기를 놓치고 싶지 않았다. 그래서 어느 날, 코치들에게 조심스레 물었다.

"아이를 데려가도 될까요?"

그녀들은 미소를 머금고 고개를 끄덕였다.

"Of course! Bring her. She's more than welcome."(그럼요! 데려오세요. 그녀는 언제든 환영이에요.)

그리고 비가 올 수 있다는 예보에, 아이를 위한 준비물까지 꼼꼼히 안내해주었다.

그날, 부슬비가 내리는 저녁.

이설이는 생애 처음으로 뉴욕의 우중런에 도전했다.

젖은 머리칼 사이로 빗물이 흐르고, 축축한 운동화에도 눈빛은 반짝였다.

누군가는 손을 잡아주었고, 누군가는 속도를 맞춰주었고, 또 다른 누군가는 그녀의 첫 우중런을 웃으며 사진으로 남겼다.

비가 내려서 더 오래 기억될 밤이었다.

그 순간 나는 알았다. 아이만 성장한 게 아니라, 나 역시 '함께 살아가는 법'을 배우고 있다는 것을.

그 후로도 이설이는 종종 트랙에 모습을 드러냈다.

어떤 날은 깡총깡총 트랙을 돌았고, 어떤 날은 분홍빛으로 물든 윌리엄스버그 브리지를 왕복했다. 이모들의 힘찬 발걸음을 휴대폰에 담으며 응원하던 그녀는 어느새 커뮤니티의 귀여운 막내 러너가 되었다.

그런 이설이를 가장 따뜻하게 바라봐 준 건 Bobi 언니였다. 대학생 딸이 있는 그녀는 어린 시절 한국에서 이민을 와, 이설이 또래의 마음을 누구보다 잘 이해했다. 달리기 중에는 내 페이스를 챙기고, 말이 막히면 조용히 통역해주고, 끝나고는 말차라떼를 슬쩍 건네주었다. 든든한 언니 같으면서도, 트랙 위에서는 누구보다 빠른 러너였다. '나도 저렇게 건강하게 나이 들고 싶다.'는 바람이 절로 생겼다.

Ellie와는 어설픈 번역기 대화로도 금세 가까워졌다. 그녀는 내 마흔 번째 생일을 함께 축하해 준 친구였고, 이설이와 나란히 달리며 또 다른 '함께 달리는 이모'가 되어주었다. 진심은 언어보다 빨리 도착한다는 걸, 그녀와 함께하면서 자주 느꼈다.

그리고 뉴욕에서 새롭게 만난 한국인 동생 주현과 지영.
"선민 언니, 저도 달려보고 싶어요."
내가 이 크루와 함께 달리는 모습을 보고 트랙으로 찾아 왔다. 바쁜 일상 속에도 가끔은 같이 달리고, 가끔은 치맥 한 잔으로 하루를 마무리하며 서로를 응원했다. 내 달리기가 또 다른 연결을 만들어 준 순간이었다.

이 밖에도 Jen, Diana, Neera, Nora… 이름만 떠올려도 미소가 지어지는 친구들까지.

모두가 이 도시에서, 나와 함께 달리고 있었다.
그리고 그 품 안에서 이설이도 자라고 있었다.

나로 있는 용기.
타인과 연결되는 감각.
엄마이자 여성으로서 성장하는 여정.
그 모든 것이 매주 수요일 밤,
이 멋진 뉴욕의 여성 러너들과 함께한 거리 위에 남아 있었다.

"Great job, ladies!"(잘하고 있어, 우리!)
단순한 격려였지만, 그 한마디는 선언 같았다.
우리는 모두, 이 도시의 러너이자, 서로의 자매라는 증표였다.

Girls Run NYC와 함께 한 러닝루트

윌리엄스버그 브리지 (왕복 6km)
Brooklyn Running Company – Williamsburg Bridge

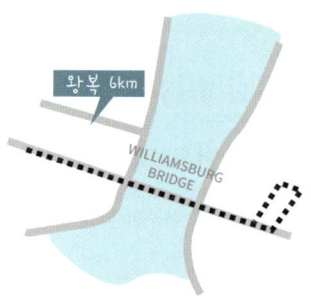

맥캐런파크 트랙 반복 (6km)
McCarren Park Track

10.
서로의 삶을 지키는 달리기

함께 달린다는 건, 단순히 거리를 함께 나누는 일이 아니었다. 우리는 달리면서 삶의 기쁨도, 무게도 함께 붙잡았다.

하나는 축하와 흥겨움의 순간이었다.
Girls Run NYC의 10주년을 기념하는 특별한 러닝 행사. 브루클린의 한 공원에 크루 멤버들과 가족, 친구들이 삼삼오오 모였다.

10시간.
오전 8시부터 저녁 6시까지 뛰든, 걷든, 쉬든, 수다를 떨든,

그 시간만큼 함께 하며, 그들의 10년을 축하하는 방식이었다. 크루 로고가 새겨진 커다란 천막 아래, 스피커에선 신나는 힙합 비트가 울려 퍼졌다. 한쪽에선 고기가 지글지글 익었고, 다른 한쪽에선 쿠키가 돌았다. 아이들은 풀밭 위를 뛰놀고, 러너들은 땀으로 젖은 손바닥을 마주치며 웃었다.

달리는 모습도 제각각이었다. 공원을 100바퀴나 도는 러너, 음악에 맞춰 춤추듯 달리는 러너, 유모차를 미는 엄마, 친구들과 파이팅을 외치는 러너들까지. 누구나 자기 방식대로 시간을 채워나갔다.

모두가 Jessie, Ameerah, Sheshe를 향해 웃고, 박수를 보내며, 지난 10년의 여정을 함께 되새겼다.

나는 이곳에 온 지 고작 몇 달밖에 되지 않았지만, 그 자리에 있다는 사실만으로도 가슴이 벅찼다. 남편과 이설이도 함께였다. 남편에게는 내가 매주 달리고 마음을 나누는 사람들을 자랑스럽게 보여주고 싶었고, 이설이는 이모들을 향한 축하의 마음을 담아 아빠와 함께 공원을 열 바퀴나 달렸다. 그 작은 몸으로, 열 바퀴. 그 장면이 오래 남았다.

그날의 햇살, 땀방울, 웃음, 그리고 서로를 향한 축하의 박수.

그 모든 순간이 오래도록 마음에 남았다.

그날은 단순한 기념일이 아니라, 이 커뮤니티의 '존재 이유'를 온몸으로 느끼게 한 하루였다.

또 다른 날, 윌리엄스버그 브리지 위에서는 전혀 다른 광경이 펼쳐지기도 했다.

디제이가 작은 스피커를 설치하고 음악을 틀자, 다리 한복판에서 즉흥적인 디스코 파티가 시작된 것이다. 번쩍이는 조명도, 무대도 없었지만, 모여든 사람들은 리듬에 몸을 맡겨 춤을 추고 있었다.

우리가 다리 위를 달려 지나가자, 그들은 우리를 향해 손뼉을 치며 환호했고, 러너들 역시 잠시 발걸음을 늦추며 어깨를 흔들었다.

달리기가 공연이 되고, 공연이 응원이 되는 순간.

뉴욕의 다리 위에서는 언제든 이렇게 신나는 파티가 열렸다.

그러나 종종 훈련 도중의 트랙과 다리 위에선 예기치 못한 일이 벌어지기도 했다.

어느 날은 정신이 온전치 않은 행인이 트랙에 다가와 이상한

말을 걸고, 물통들을 계속해서 발로 찼다.

모두가 순간 얼어붙었지만, 리더들은 각자의 방식으로 우리를 지켜냈다. Ameerah는 우아하게 정중히 말했고, 늘 유쾌하던 Sheshe는 단호하게 선을 그었다. Jessie는 놀란 분위기를 다독이며 훈련을 이어갔다. 특히 Ameerah가 불안해하는 이설이의 등을 조용히 쓰다듬어 주던 순간, 나는 이 공동체가 우리 가족의 또 다른 울타리라는 걸 마음 깊이 느꼈다. 러너로서, 엄마로서의 두려움이, 그들의 손길 속에서 안도로 바뀌었다.

뉴욕에서의 러닝은 언제나 안전하지만은 않았다. 하지만 그날 나는, 모두와 함께 달릴 때야말로 더 든든하다는 걸 느꼈다. 크고 낯선 도시 속에서도, 우리는 서로를 지켜주며 달리고 있었다.

그리고 또 하나의 기억.

늘 그렇듯 우리는 윌리엄스버그 브리지 위를 달리고 있었다. 조금 가파른 오르막을 함께 넘고, 다리 중간에서 숨을 고르며 웃고 있었는데, 저 멀리, 이상한 낌새가 보였다.

"누가… 울고 있어."

한 여성이 다리 난간 위에 서 있었다.

머뭇거릴 새도 없이, 우리 모두는 그녀에게 달려갔다.

한 명은 팔을 붙잡고, 한 명은 등을 토닥였고, 또 한 명은 손을 꼭 잡았다.

그녀는 말을 잇지 못한 채 울었다. 난간 앞에 힘없이 주저앉은 손목에는, 오래된 상처가 또렷했다. 그녀는 완전히 희망을 잃은 눈빛으로, 삶의 마지막 문턱 앞에 위태롭게 서 있었다.

그날, 우리는 달리지 않았다.

대신 누군가는 그녀의 무릎을 감싸 안았고, 누군가는 떨리는 손을 잡았다.

윌리엄스버그 브리지 위, 갑작스럽게 멈춘 러닝은 한 사람의 삶을 조용히 붙잡고 있었다.

아무 말도 하지 않아도, 우리는 '함께'였다.

구급 대원들이 다리에 도착할 때까지, 우리는 그녀 곁을 지켰다. 누군가는 등을 쓸어주고, 누군가는 마지막까지 위로의 말을 건넸다.

그날 밤, 집으로 돌아오는 길.

바람이 유난히 차가웠다. 몸보다 마음이 더 무거운 밤이었다.
잠시 후, 코치 Sheshe에게서 메시지가 도착했다.

"We were destined to be on that bridge today, and we served a purpose."
(오늘 우리가 그 다리에 있었던 건 우연이 아니었어. 그 순간 우리는 반드시 해야 할 일이 있었고, 함께 해냈어.)

그 말이 오래 남았다. 우리는 그날, 누군가의 삶을 붙잡았다. 오늘의 달리기는 생명을 구하는 목적을 품고 있었다. 그건 한 사람의 인생을 지켜낸 밤이었다. 그리고 그녀가 다시 살아가 길, 우리는 진심으로, 다 함께 바랐다.

그날 이후, 나는 달리기를 예전처럼 볼 수 없게 되었다.
이제 달리기는 누군가의 삶을 축하하고, 붙잡고, 함께 살아내는 일이었다.
그리고 그 안에서 나 역시 단단해지고 있었다.

이 멋진 뉴욕의 여성 공동체는 나에게 '달리는 법'보다 더 중요한 것, '함께 살아가는 법'을 가르쳐준 곳이었다.

"잘하고 있어. 괜찮아. 여기 있어."

그 말 한마디가 울컥할 만큼,

우리는 서로의 삶을 조용히, 단단히 지켜주고 있었다.

그러니 다음 수요일이 되면, 나는 어김없이 러닝화를 신고 브루클린의 거리로 나아갈 것이다.

Girls Run NYC.

내 이름으로 달리는 것만으로도 충분했던,

내 존재의 가장 아름다운 증명이 되어준 곳.

나는 오늘도 숨을 고르고,

그들과 함께 달린다.

11.

뉴욕, 달리기의 축제 '기록은 잊어도, 환호는 남는다.'

그날의 윌리엄스버그 밤거리는 평소와 달랐다. 자동차 대신, 배에 번호표를 단 뉴욕의 여성 러너들이 길거리를 가득 메웠다.

"Take The Bridge!"(다리 위로 가자!)
뉴욕 러닝씬에서 가장 뜨거운 이벤트 중 하나, 뉴욕의 다리를 차지하기 위한 여성 릴레이 레이스가 시작되는 순간이었다. 네 명이 한 팀이 되어 다리와 트랙, 도시의 어둠을 이어 달리는 경기.

이번 호스트는 다름 아닌 Girls Run NYC.
리더 Jessie가 무대에 올라 짧고 단단한 인사를 건네자, 거리는 순식간에 축제의 현장이 되었다. 반짝이는 헤드램프, 음악, 응원, 그리고 밤공기를 흔드는 환호성까지.

밤 8시, 뉴욕 곳곳에서 모인 여성 러너들이 출발선에 섰다. 이번에는 나도 그 중 한 명.
그런데 첫 구간인 윌리엄스버그 브리지에서 함께 달리던 팀원이 갑자기 배를 움켜쥐며 속삭였다.
"나 배가 너무 아파…"
순간, 처음 맞닥뜨린 상황에 이럴 땐 어떡하지 싶었다. 러너 n년차, 첫 현장 응급 상황 발생인 것이다. 속도를 늦추고 괜찮냐고 몇 번이고 묻다가, 결국 '걷뛰' 모드로 함께 했다. 기록은 이미 물 건너갔지만, 이상하게도 마음은 더 뜨거웠다.
그리고 마지막 구간. 우리 네 명은 손을 맞잡고 맥캐런 트랙을 돌아 피니시 라인을 함께 통과했다. 손바닥이 땀으로 미끄러졌지만, 그 힘이 우리를 앞으로 밀어줬다.
그 순간, 환호는 마치 우리가 우승한 것처럼 터져 나왔다. 속도는 달랐지만, 끝내 함께 달렸다는 사실. 그게 이 레이스의 진짜 의미였다.

(물론, 빠른 Bobi 언니가 속한 또 다른 팀은 당당히 전체 2등을 했다. 역시 Girls Run NYC!)

그날 밤, 나는 뉴욕의 여성 러너들과 한 팀이 되었다.

다리를 건너며, 서로를 챙기며, 도시를 품으며 달린 팀.

나는 속도의 기준이 아니라, 함께 달리는 마음으로 '진짜 뉴욕러너'가 되었다.

그리고 전 세계 모든 러너들의 꿈, 뉴욕 마라톤(New York City Marathon)이 열리던 11월의 첫 번째 일요일.

7대 메이저 마라톤 중 하나인 뉴욕 마라톤은 매년 전 세계 5만 명 이상의 러너가 참가하는 세계 최대 규모의 레이스다. 코스 난이도도 만만치 않다. 뉴욕의 다섯 개 지역—맨해튼(Manhattan), 브루클린(Brooklyn), 퀸즈(Queens), 브롱스(Bronx), 스태튼아일랜드(Staten Island)—를 모두 달려야 하니, 다리만 해도 여러 개를 건너야 했고, 경사도 다양했다. 마지막 피니시는 센트럴파크. 여러 나라의 국기가 걸린 마지막 주로는, 그 자체로 전 세계 러너들의 성대한 축제였다.

나는 출발선에 서진 않았지만, 응원만으로도 심장이 터질 듯 뛰었다.

그날만큼은 도시 전체가 러너들을 위해 존재했다. 거리 곳곳에서 밴드가 신나게 연주하고, 시민들은 도넛과 바나나를 건넸다. 아이들은 삐뚤빼뚤한 글씨로 쓴 팻말을 흔들고, 슈퍼히어로 복장을 한 청년은 러너들과 하이파이브를 나눴다. 러너들도 개성 만점이었다. 어떤 이는 분장한 채 춤을 추며 달렸고, 또 다른 이는 휴대폰을 든 채 달리며 영상을 찍었다.

이 정도면 민원 100통감인데, 여기선 괜찮았다. 왜냐하면 "디스 이즈 뉴욕씨티." 도시 전체가 응원단이었다. 순간순간은 진지했지만, 동시에 유쾌했다. 마라톤조차 하나의 '거리 공연'으로 바꿔버리는 도시, 그 자유로움에 나는 또 반해버렸다. 나와 이설이도 Girls Run NYC 팀원들을 응원하며 목청껏 소리를 질렀다.

"Run, Girls Run!"(달려, 얘들아, 달려!)

팻말을 흔들다 목이 쉴 정도였다. 팀원들이 지나갈 때마다 보라색 유니콘 분장을 한 러너는 하이파이브를 해주었고, 형형색색의 폭죽은 펑 소리를 내며 터졌다. 알록달록한 색종이들이 하늘을 가득 메우며 흩날렸다.

그 순간, 뉴욕 마라톤은 단순한 레이스가 아니었다.

도시가 하나의 거대한 심장이 되어 함께 뛰는 축제였다.

이설이의 담임 선생님이자 러닝 코치인 Ms.Duerson도 그날 완주했다.

다음 날, 반짝이는 메달을 목에 걸고 학교에 오셨는데, 뉴욕에선 이를 "메달 먼데이(Medal Monday)"라 부른다. 러너들이 메달을 걸고 하루를 보내며 도시로부터 축하를 받는 특별한 날이다.

선생님은 메달을 이설이의 목에 걸어주며 말했다.

"너도 언젠가 뛸 수 있어."

아이의 얼굴이 붉게 물들며 환하게 웃었다. 그리고 나에겐 마라톤 중간에 두 번 토했던 웃픈 후일담을 들려주셨다. 격려와 축하가 오가는 순간, 우리는 학부모와 교사의 관계를 넘어, 러너와 러너로 진하게 이어져 있었다.

릴레이 레이스의 연대감, 마라톤의 열기, 완주자에 대한 축하. 나는 이 도시에서 함께 뛰고, 함께 응원하는 러너로 존재했다. 뉴욕 러닝 문화가 특별한 건 바로 그 지점이다.

이곳의 러너들은 기록이나 메달만을 좇지 않았다. 낮에는 직장인, 부모, 학생으로 살아가다가도, 밤이면 다리 위와 공원 트랙에서 서로의 이름을 불러주며, 누구나 팀이 되어 함께 달렸다.

속도를 겨루는 듯 보이지만, 사실은 함께 가기 위해 속도를 늦출 줄 아는 문화. 누군가 뒤처지면 팔을 내밀고, 낯선 러너에게도 도넛을 건네며, 이름조차 모르는 사이에 '우리'가 된다.

그래서 뉴욕에서 달린다는 건 기록이 아니라 기억을 남기는 일이었다.

솔직히 말해, 내 기록은 이미 까먹었지만…그 뜨겁고 다정한 순간들만큼은 평생 잊을 수 없을 것 같다.

12.
Bridge The Gap, 도시와 사람 사이를 달리는 일

Bridge The Gap.

'간극을 메운다'는 뜻. 처음엔 SNS 해시태그 속 멋진 구호쯤으로만 보였다.

하지만 뉴욕에 와서 알았다. 그건 단순한 구호가 아니라, 실제로 사람과 도시, 삶과 삶을 이어주는 다리라는 걸.

뉴욕은 단순히 내가 달린 도시가 아니었다.
이곳은 전 세계 러닝 크루 문화의 출발선이자 허브

중 하나였다.

BTG(Bridge The Gap)는 뉴욕의 Bridge Runners와 런던의 Run Dem Crew가 다리 위에서 박자를 맞추듯 함께 시작한 글로벌 문화 운동이었다. 이 달리기의 새 문법은 도시와 예술, 음악, 사람을 한 리듬으로 엮었다.

브루클린과 맨해튼, 런던의 밤거리가 '달리며 함께 살아가는 법'의 무대가 되자, 그 진동은 베를린과 파리의 거리, 도쿄의 밤, 그리고 서울의 러너들에게까지 번졌다.

각 도시는 저마다의 색으로 달리기를 풀어냈지만, 모두 첫 박동을 기억하며 같은 리듬 위에 서 있었다.

나는 서울에서 시작된 연결이 뉴욕에서 다시 이어지는 순간, 그 흐름 속에 내가 있다는 걸 온몸으로 느꼈다.

2023년 봄, 서울국제마라톤 주간.

서울의 PRRC가 주최한 'BTGSEL(Bridge The Gap Seoul)' 행사에 일본, 홍콩, 미국, 유럽에서 온 러너들이 모였다. 국적도, 언어도, 속도도 달랐지만 우리는 '러너'라는 이유 하나로 금세 친구가 되었다. 땀과 호흡, 눈빛으로 나눈 교감은 서툰 인사보다 훨씬 깊었다.

그리고 정확히 1년 뒤, 그 연결은 뉴욕에서 다시 나를 맞아 주었다.

Girls Run NYC에 처음 간 날.

Jessie가 자신의 휴대폰을 내밀었다. 화면 속엔 익숙한 서울 거리가 펼쳐져 있었고, BTGSEL 행사에서 환하게 웃고 있는 Girls Run NYC 멤버의 얼굴이 있었다. 동시에 내 심장도 같이 반짝였다. 몇 주 뒤, 그 멤버는 뉴욕으로 돌아와 내게 이렇게 말했다.

"서울, 정말 멋졌어. 마라톤도 좋았지만, 사람들과의 연결이 정말 특별했어."

그 순간, 확신했다.
이건 단순한 네트워크가 아니었다.

나의 도시에서 달린 발걸음이,
이 낯선 도시에서 나를 환영받는 사람으로 만들어준다는 것.

그 단순하고도 강력한 진실이,
내 안에서 오래 울렸다.

달리기로 이어진 사람들

BTG의 진짜 얼굴은 결국 '사람'이었다.

Bridge Runners에서 만난 동생들, 연제와 소연. 연제는 낯설고 어색한 내게 먼저 다가와 "처음 오셨어요?"라고 한국어로 물어주었다. 그 한마디에 마음이 풀렸다. 그는 내 페이스를 맞춰 달려주었고, 코스가 헷갈릴 땐 손짓으로 길을 알려주었다. 덕분에 뉴욕에서의 첫 러닝을 무사히 완주할 수 있었다.

소연은 글로벌 러닝 위크(Global Running Week)에서 처음 만났다. 한국에서 뉴욕으로 건너온 그녀는 학업과 러닝을 병행하면서도, 나와 이설이를 자주 챙겨주었다. 대학원 캠퍼스를 직접 안내하며 열정적으로 설명하던 모습은 러닝만큼 삶에 대한 진심으로 가득했다. 세계 각지의 러너들을 연결하고, 도시 문화와 러닝이 어우러진 공간을 만들고 싶다는 그녀의 꿈은 오래도록 내게 영감을 주었다.

Ellie는 Girls Run NYC에서 함께 달린 친구이자, 아시안 여성 러닝 크루 Awstars NYC의 창립자였다. 외롭던 아시안 여성 러너들이 서로 기대고 회복할 수 있는 공간이 필요하다고 믿었던 그녀.

우리의 인연은 시처럼 시작되었다. 추석 무렵, Ellie가 기획한 한·중 명절 기념 아침 러닝은 내 마흔 번째 생일날과 겹쳐 있었다. 그날 나는 뉴욕의 여성 러너들에게 "Happy Birthday, Sunmin!"(생일축하해, 선민!) 이라는 축하를 받으며 달렸다. 러닝 후 함께한 한국 식당에서, 이모님들이 내어준 잡채와 계란말이는 생일상을 닮은 선물이 되었다.

몇 달 뒤, Ellie의 40번째 생일도 함께 보낸 우리는 러닝을 넘어 신앙, 진로, 그리고 "50번째 생일도 꼭 같이 하자."는 약속까지 나누었다.

그녀와의 모든 대화는 오래도록 마음에 남았다.

뉴욕의 러닝크루 OMRC(Old Man Run Club)의 공동 창립자 Ryo는 말보다 행동이 앞서는 사람이었다. 뉴욕 마라톤 위크(New York City Marathon Week)에서 나눈 대화는 길지 않았지만, 'BTG'라는 단어 하나로 이미 서로를 알아봤다. 그는 전 세계 러너들이 모인 자리에서 뉴욕 러닝 문화를 알리고, 공유하며, 자연스러운 영향력을 만들어가고 있었다.

내가 뉴욕을 떠나던 날, 뜻밖에 그의 메시지가 도착했다.

"곧 후드티가 도착할 거야."

잠시 후, 퀵서비스 기사님이 내 이름이 적힌 작은 봉투를 건네주었다. 그 안엔 OMRC 로고가 새겨진 빨간 후드티가 곱게 접혀 있었다. 그 순간, 가슴이 울컥했다. 떠나는 날의 허전함 속에서, 누군가의 배려와 조용한 응원이 내 등을 가만히 밀어주는 듯했다.

지금도 그 후드티를 입고 한강을 달릴 때면, 허드슨 강 바람이 다시 불어오는 듯하다.

그리고 또 하나의 순간.

서울비너스의 친구들이 Girls Run NYC에 선물로 보내온, 비너스의 티셔츠와 모자, 상징이 담긴 여러 굿즈들. 그 안에는 서로를 향한 응원과 지지가 가득 담겨 있었다.

서툰 한국말로 "감사합니다! 서울비너스!"를 외치며, 뉴욕의 여성 러너들이 서울의 티셔츠를 입고 달리는 모습은 마치 두 도시가 하나의 트랙 위에서 이어 달리기를 하고 있는 듯했다. Ryo의 후드티가 내게 조용한 힘이 되어주었다면, 이 따뜻한 선물은 '공동체가 공동체에게 보내는 환호성'이었다.

말보다 행동으로, 손 대신 마음으로 이어진 인연들.

그런 연결들이 나를 살아있다고 느끼게 해주었다.

뉴욕의 심장이 달리다

– Bridge Runners x Girls Run NYC

그 연결이 절정에 이른 밤이 있었다.

그날 밤, 뉴욕은 단지 화려한 도시가 아니었다. 하나의 심장이 되어 뛰는 '우리'의 도시였다.

이 특별한 행사는 Bridge Runners의 Mike와 Girls Run NYC의 Jessie, 두 리더가 함께 주최한 자리였다. 20년 전과 10년 전, 같은 비전 아래 달리기를 시작한 두 크루가 다시 만나 그 오랜 궤적을 함께 돌아보는 밤.

그 순간, 우리는 그들의 여정 위에서 함께 달리고 있었다.

때마침 시카고 마라톤이 끝난 직후, 한국의 여러 러닝 크루의 멤버들이 뉴욕에 모여 있었다. 그리고 마치 모든 것이 계획된 것처럼, 서울비너스의 부경 언니도 나를 보러 뉴욕에 와 있었다. 그녀는 시카고 마라톤을 멋지게 완주하고, 긴 여정을 뿌듯하게 마친 얼굴로 나를 꼭 껴안으며 말했다.

"선민아, 너 진짜 여기까지 왔구나. 네가 잘 살아내고 있는 게, 정말 기뻐."

그 말 한마디에, 뭉쳐 있던 감정이 스르르 풀렸다.

그녀가 내 어깨를 다독일 때, 그 손길에는 서울의 바람과 비너스 친구들의 마음이 함께 담겨 있는 듯했다. 언니는 내 뉴욕 러닝 친구들에게 "선민이를 반겨주고 챙겨줘서 고맙다."고 인사하는 것도 잊지 않았다.

그 순간, 지난 시간들이 파노라마처럼 떠올랐다.

낯선 도시의 언어, 길, 공기 속을 말없이 뛰어야 했던 수많은 아침과 밤. 그 시간들이 결코 혼자의 것이 아니었다는 걸, 나는 그제야 알았다.

그 모든 발걸음이 누군가에게 닿아 있었고, 그 마음들이 지금, 이 다리 위까지 이어져 있었다.

그날 밤, 우리는 함께 맨해튼 브리지와 브루클린 브리지를 넘으며 달렸다. 눈 앞에는 뉴욕의 야경이 흐르고, 발 아래에서는 도시의 심장이 뛰었다.

그날의 달리기는 즉흥 재즈 공연 같았다. 한창 다리 위를 달리는데, 맞은편에서 자전거가 돌진해왔다. 그러나 자전거도 러너도 서로의 속도를 존중하며 그대로 스쳐 지나갔다. 신호등 앞에서도 차가 오지 않으면 눈빛으로 합을 맞추고 그대로 훅 지나쳤다. 한국에서 온 러너들은 눈을 동그랗게 뜨며 "한국이었으면 큰일 났다."며 놀라워했다. 하지만 그건 이 도시만의 리듬이었다. 서로를 믿고 자기 페이스를 지키는 방식, 뉴욕다운 자유로움이었다.

뉴욕 러너들과 섞여 달리며 다른 나라에서 온 러너들도 점점 그 리듬에 동화되어 갔다.

역시 그렇다. 낯선 도시를 가장 빨리 배우는 방법은, 그 도시의 러너들과 함께 달려보는 것.

맨해튼 브리지를 처음 달렸던 날이 떠올랐다.

그땐 길도 낯설고, 사람도 어색했고, 무엇보다 내가 나를 모르겠던 시절이었다.

이제는 내 옆에 함께 달려주는 사람들이 있었고, 익숙해진 그 길을, 이번엔 내가 뉴욕을 방문한 한국의 러너들에게 안내하고 있었다.

그렇게, 뉴욕의 불빛 아래에서 서울과 뉴욕, BTG의 이름으로 연결된 수많은 도시의 러너들이 마치 하나의 심장이 같은 리듬으로 뛰듯 함께 달리고 있었다.

금속 다리 위에 쿵쿵 울려 퍼지는 발소리, 서로의 숨결, "Go, go!"(가자, 가자!) 외치는 목소리까지.

그 밤은 하나의 거대한 합창 같았다.

서로의 언어는 달랐지만, 리듬은 같았다. 의미도 하나였다.

Bridge The Gap.

도시와 도시, 사람과 사람, 마음과 마음을 잇는 이 연결은, 낯선 도시의 외로운 나를 '함께 살아가는 사람'으로 바꿔주었다.

그날 다리 위에서 찍힌 사진 속의 나는 땀범벅에 머리칼도 엉망이었다. 하지만 세상 누구보다 활짝 웃고 있었다. 그 표정이야말로 내가 이 도시에서 진짜로 살아 있음을 증명하고 있었다.

멀리 떨어져 있어도 우리는 달리며 단단히 이어져 있다.

다시 함께 뛸 그날까지. 그리고 이 연결은 끝이 아니라는 것을 안다.

곧 또 다른 무대, 또 다른 도시가 우리를 기다리고 있으니까.

그 무대는 뉴욕의 거리만이 아니라, 나의 다음 삶이기도 했다.

BTG 관련 러닝루트

한 · 중 명절 기념 러닝 with Awster NYC (6km)

Tribeca – (Run north along 2nd Ave) - Lower East Side – East Village
– Kips Bay – Korea Town

Bridge Runners x Girls Run NYC (6km)

China Town – Manhattan Bridge – Dumbo – Brooklyn Bridge
– Financial District - China Town

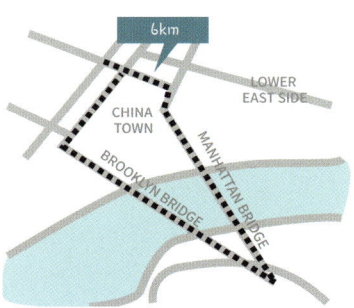

Chapter 3
Long Run - 삶을 품고 달리다

"달리기를 통해 도시와 삶을
사랑하게 되었다."

13.
사계절을 달리고, 살고, 커피 한 잔

다리 위에서 얻은 리듬은 다음 날의 시간표로 내려왔다. 화려한 이벤트 대신, 매일의 길부터 꾸준히 배우기로 했다.

도시는 또 다른 훈련장이었고, 그날의 코치는 온도와 바람이었다.

겨울의 눈발 속을 견디듯, 여름의 땡볕 아래를 달리듯, 나는 뉴욕의 일상도 그렇게 배워갔다. 기상 앱 대신 창문 밖 하늘을 보고 옷을 고르고, 목도리를 한 번 감고 한 번 풀 만큼 도시와 호흡을 맞췄다. 러닝 끝의 낯선 카페가 그날의 피니시 라인이 되었다.

그렇게 탐험하고 변화를 받아들이고 다시 시도하며, 조금씩 이곳에서의 삶에 익숙해졌다.

계절을 달리듯 하루를 달리며, 나는 뉴욕을 사랑하게 되었다.

첫 만남, 겨울

첫 만남은 겨울. 그것도 모두가 질색을 한다는, 그 유명한 뉴욕의 한겨울!

"하고많은 계절 중에 왜 하필 겨울에 왔어요?"

뉴요커들에게 이 말을 들은 횟수만큼, 나는 달리며 허드슨 강바람에 모자를 날려보냈다. 그때의 나는, 뉴욕 바람의 위력을 과소평가한 사람답게 모자를 몇 번이나 잃어버릴 뻔했다. 허드슨 강변에서 모자가 또 날아갔다. 뒤에서 달리던 아저씨가 낚아채 내 손에 쥐여주며 웃었다.

"Wind's wild today."(오늘 바람 장난 아니네요.)

그 짧은 농담에 손끝이 덜 시렸다. 낯선 도시가 한 뼘 가까워졌다.

기모가 들어간 히트텍과 팬츠, 비니, 장갑까지 풀세트로 장착하고도 사정없이 후려치는 바람과 눈발 앞에선 달리다가도 그저 맥없이 "아이고…"만 나왔다.

그렇지만 뛰면서 마주친 뉴욕의 풍경은, 아름다운 공원과 고풍스러운 건물들로 나를 속삭이듯 유혹했고, 결국 어느 날, 엠파이어 스테이트 빌딩을 등지고 두 팔을 벌려 외쳤다.

"I love New York!!"(뉴욕 정말 좋아!!)

그 장면을 본 남편이 그때부터 나를 이렇게 부르기 시작했다.

김.뉴.욕.

카페, 나의 작은 피니시 라인

그런 김뉴욕이 뉴욕에 막 도착했을 때는 카페조차 낯설었다. 메뉴판은 온통 모르는 단어들이었고, 어디가 좋은 곳인지도 알 수 없었다.

하지만 달리기를 이어가다 보니, '목적지 없는 커피'가 내 작은 피니시 라인이 되었다. 달리다 마음 가는 곳에 툭 들어가 앉아 마시는 한 잔. 커피가 맛있든, 창가 자리가 예쁘든, 그 순간만으로도 충분했다.

그 중 가장 특별한 피니시 라인은 'Rhythm Zero'였다.

허드슨 강 러닝을 마치고 들어선 웨스트빌리지. 땀도 마르기 전 문을 열면, 커피 향보다 먼저 바리스타들의 인사가 날아왔다.

"Good run?"(잘 뛰었어?)

"Totally sweaty. Totally worth it."(땀에 흠뻑 젖었어. 그래도 완전 값졌지.)

웨스트빌리지 동네 러너들의 아지트 같은 이곳은, 커피보다 에너지가 더 진했다.

땀범벅 러너들, 반짝이는 눈빛, 손에 들린 아이스 아메리카노. Bandit 러닝숍과도 바로 연결되어 있어서 세련된 러닝 굿즈도 많았고, 가끔은 러닝 브랜드 이벤트나 토크 세션도 열려 모르는 사람과도 러닝 이야기를 나누곤 했다. 무심한 듯 활기차고, 쿨한 듯 다정한 이 분위기. 나는 그 한복판에서 내가 살아 있음을 실감했다.

어느 날은 남편과 함께 달리고 들어와 거울 앞에서 셀카를 찍고, 아이스 아메리카노로 건배했다. 그 순간만큼은 "잘 달리고, 잘 마시는 부부"였다. (물론 굿즈 쇼핑에 더 진심일 때도

있었지만!) 시카고 마라톤을 완주하고 놀러 온 비너스 부경 언니에게도 "여기 내 단골 카페야."라고 자랑했고, 직원들에게 한국의 러닝 크루 이야기를 해주자 "서울도 달려보고 싶어요!"라는 대답을 들었다. 언니와 나는 괜히 뿌듯해서 커피 잔을 꼭 쥐었던 기억.

달리고, 웃고, 커피를 마시고, 새로운 이야기를 나누는 리듬. 그 순간, 나는 더 이상 낯선 도시를 달리는 러너가 아니라, 이 도시를 살아가는 한 사람이었다.
달리기 끝의 한 잔은 오늘을 사랑하는 방법이었다.
머그잔의 김이 얼굴을 스치고, 계절은 커피 향 사이로 쉼 없이 바뀌어가고 있었다.

봄, 여름, 가을, 그리고 사계절
뉴욕의 봄은 생각보다 훨씬 화려했다. 한층 부드러워진 햇살 아래, 거리마다 형형색색의 꽃들이 터져 나왔다.
"내가 지금 뉴욕에서 살고 있다고?"
달리는 내내, 입꼬리가 자꾸만 올라갔다 내려갔다 했다. 핑크빛 벚꽃이 흩날리는 나무 아래를 지날 때는, 마치 로맨스 드라마 속 한 장면에 들어온 것 같았다.

그러다 언제 그랬냐는 듯, 뉴욕의 변덕스러운 봄은 갑자기 비를 퍼부었다. 벚꽃비가 소나기로 바뀌자, 티셔츠 위로 빗방울 북소리가 났다. 신발 속 양말이 찰박해졌지만, 우산을 고집하던 예전의 나는 없었다. 모자를 깊게 눌러쓰고 재킷 지퍼를 올린 채 그대로 뛰었다. 웬만한 비에는 우산조차 잘 쓰지 않는 뉴요커들처럼. 횡단보도 아래 비 웅덩이를 크게 건너뛰며 혼자 웃었다.

계획이 틀어져도, 리듬은 잃지 않기로 했다.

역시 여름은 뜨겁고 쨍했다. 서울처럼 후덥지근했지만, 뉴욕의 여름은 장마 대신 직설적인 햇살로 다가왔다.

폭염주의보가 뜬 날은 출발 시간을 아침 일곱 시로 당겼다. 페이스는 접고, 코스는 조금 줄였고, 그늘만 골라 달렸다. 땀이 비 오듯 쏟아졌지만, 분수대가 쏘아올린 시원한 물줄기와 가로수 그늘 바람이 순식간에 몸을 식혔다. 분수대 물이 목뒤와 팔목에 '칙' 하고 닿을 때마다 웃음이 났다.

여름의 목표는 무사히 완주하는 것이었다. 러닝을 마치고 마켓에서 집어든 여름 복숭아와 차가운 이온 음료는 그날의 보상이었다. 나는 뉴욕의 태양 아래서 성과보다 회복을 먼저 두는 법을 배웠다.

가을, 뉴욕 여행자들이 가장 사랑하는 계절.
은행나무가 줄지어 선 거리. 노랗게 물든 잎들이 우아하게 떨어지고, 그 위로 햇살이 스며들면, 세상에, 그건 거의 영화 세트장이었다. 브라운스톤 주택들 사이를 쉴 새 없이 달리던 어느 날, 잎사귀 사이로 빠져나오던 햇살이 황금빛으로 반짝이던 순간을 나는 아직도 잊지 못한다.
언덕 초입에서 페이스 알림을 끄고, "저 꼭대기까지만."을 되뇌며 올랐다. 내려오는 길에는 숨이 정돈되듯 페이스가 안정되는 걸 느꼈다. 낙엽 위 발소리가 사각사각 빨라지는 대신, 속도를 조율하며 이어가는 법을 익혔다.
바람이 서늘해질수록 뉴욕의 한 해도 천천히 저물어갔다. 그 고요가 찾아올 때마다, 나는 이 삶을 더 오래 붙들고 싶어졌다. 그렇게 계절마다 내 달리기는 다른 리듬을 탔고, 그만큼 도시와의 관계도 달라졌다.

'나는 리듬을 잃지 않는 사람이구나.'

뉴욕의 계절들을 지나며, 낯선 카페들을 탐험하며, 알게 되었다. 러닝도, 도시도, 삶도 끝까지 달리다 보면 결국 웃음과 선물 같은 순간이 기다린다는걸. 완벽하지 않아도 괜찮았다. 꾸준히 다시 시도하는 것, 함께 나누는 것이 중요했다.

그렇게 매일같이 달려낸 뉴욕의 사계절은 단순한 풍경이 아니라, 삶 속에서도 흔들리지 않는 리듬을 만들어 준, 또 하나의 러닝 기록이었다.

땀과 바람, 커피 향과 계절의 냄새, 웃음과 일상까지.

I love New York.
사계절 내내, 정말 사랑했어요.
돌이켜보면, 이건 아마도 김뉴욕의 사계절 연애 달리기.

14.
Run, Family, Run! 우리 가족, 센트럴파크를 달리다.

계절의 리듬을 손에 넣었으니, 이제는 서로의 속도를 맞출 차례였다.

"셋이 달려요!"

달리기는 처음엔 나 혼자만의 시간이었다.
그런데 어느 날부터, 이설이와 남편이 내 옆에 나란히 서 있었다.
군 복무 시절 무릎 부상으로 오랫동안 달리기를 포기했던 남편은, 재활을 거쳐 다시 뛸 수 있는 몸을 되찾았다. 아이 역시 학교 계주 우승과 5km 레이스 경험을 통해 달리기에 자신감을 쌓아갔다.

힘겨운 코로나 시절, 우리 가족은 등산과 달리기로 함께 시간을 보내며 자연스럽게 셋이 뛰는 패턴을 만들었다. 가끔은 시계를 맞추고, 가끔은 아무 준비 없이 운동화를 신고 뛰어나갔다. 달리기는 그렇게 우리 셋을 한 팀으로 만들어주었다.

그리고 지금 우리는, 뉴욕에 있다.

한국에서 한강과 남산을 달렸듯, 뉴욕에서는 워싱턴스퀘어파크, 허드슨 강, 리틀아일랜드, 브루클린브리지파크까지 새로운 길을 하나씩 개척했다.

처음에는 3km도 벅찼지만, 어느 날은 4km, 그 다음엔 5km. 걷다 뛰다, 웃고 짜증내며 조금씩 거리를 늘려갔다.

그렇게 '어제보다 조금 더.'의 마음으로 셋이 함께 한 발자국씩 나아갔다. 땀 흘리고 돌아와 차려 먹는 건강한 집밥과 상큼한 과일의 맛, 가끔 시원하게 목을 축이던 맥주 한 잔까지. 그 작은 의식들이 우리 가족의 러닝을 더욱 소중하게 만들었다.

남편과 한국에서 10km 레이스를 완주했던 경험이 있었기에, 이번엔 아이와도 함께 도전하고 싶었다. 서로를 독려하며 끝까지 달려낸 기쁨, 무릎을 회복한 남편이 이만큼 달릴 수 있다는 자신감은 우리 부부에게 특별한 기억이었다.
마침 센트럴파크 한 바퀴가 딱 10km.
뉴욕에서도 해낼 수 있다는 증거이자, 낯선 도시에서 아이에게 "넌 할 수 있어."라는 자신감을 심어주고 싶었다.
그렇게, 우리 셋의 첫 목표가 정해졌다.

"센트럴파크 한 바퀴 — 10km 달리기."

가을의 센트럴파크.
단풍이 물든 공원이 가장 아름다운 계절이었다.
공원 입구엔 이미 많은 러너들이 몸을 푸는 중이었다. 뉴욕 마라톤을 대비해 진지하게 훈련을 하는 사람들부터, 친구끼리 웃으며 뛰는 사람들, 가족 단위로 걷는 사람들까지, 모두가 자신만의 리듬으로 센트럴파크를 달리고 있었다.
센트럴파크는 러너들에게 친절한 공간이다. 자전거와 마차가 다니는 큰 도로 옆으로, 러너들을 위한 도로 구간이 또렷하게 분리되어 있다. 도로 양옆으론 커다란 나무들이 그늘을 드리우고, 곳곳에 펼쳐진 넓은 잔디밭과 함께 푸른 풍경이 이어진다.

하늘 위로는 새들이 지저귀며 날고, 입구 쪽엔 북적이는 관광객들이 셀카 삼매경. 하지만 조금만 더 안쪽으로 들어서면, 이곳은 오직 러너들을 위한 세계가 된다. 숨소리, 발자국 소리, 옆 사람의 리듬까지 느껴지는 그 조용한 집중의 공간. 그곳에서 우리 셋도 조심스레 첫 발을 내디뎠다.

시작은 씩씩했지만, 곧 아이의 얼굴이 울상이 되었다. '못 하겠어.'라는 말은 사실 내 안에서도 수도 없이 올라오던 말이었다. 하지만 이번엔 달랐다. 아이를 붙잡고 싶던 마음을 내려놓고, 나는 그 옆에서 속도를 늦추고 함께 걸었다. 러닝에서 배운 대로, 혼자 빨리 가는 게 아니라 함께 멀리 가는 법을 택한 것이다.

마침내, '재클린 케네디 오나시스 저수지(Jacqueline Kennedy Onassis Reservoir)'가 눈앞에 펼쳐졌다. 잔잔하고 거대한 수면 위에 햇살이 부서지는 길을 따라 발소리가 착착 울렸다. 그런데 북쪽으로 향할수록 풍경은 달라졌다. 사람은 드물고,

센트럴파크 한 바퀴 (10km)

5 Av/59 St Station – East Driveway (north) – Central Park Boathouse (lake) – Jacqueline Kennedy Onassis Reservoir Trail (east) – East Meadow – Intersection at W 110th St – West Driveway (south) – North Woods – North Meadow – Jacqueline Kennedy Onassis Reservoir Trail (west) - Sheep Meadow - Exit at 7th Ave

오르막은 점점 많아졌다. 나무들 사이로 불쑥 나타나는 자전거들, 고요한 바람 소리만이 우리를 따라왔다.

이설이는 다시 멈춰섰다. "엄마, 집에 갈래…" 눈물이 맺힌 얼굴을 보며 나도 순간 흔들렸다.
사실 그 말은 내 마음 속에서도 수없이 맴돌던 고백이었다. 차마 입 밖으로는 못 내뱉고, 속으론 '그래, 엄마야말로 집에 가고 싶다…'를 삼켰다.
하지만 이내, 아이의 주저앉음은 곧 내 모습이기도 했음을 깨달았다.
달리기를 할 때, 이 도시에 처음 왔을 때, 수없이 좌절했던 나. 그럼에도 다시 나아갔던 내가 겹쳐 보였다.
나는 이설이의 등을 토닥이며 말했다.
"우리 벌써 절반이나 왔어. 해낼 수 있어."
그 말은 사실 아이를 향한 격려이자, 나 스스로에게 건네는 다짐이기도 했다. 아이의 작은 등이 파도처럼 앞서갔고, 가슴 한가운데 뭔가 뜨겁게 차올랐다.

마침내 10km 완주!

"We did it!"(우리가 해냈어!)

이설이는 "나 다리 고장났어."라고 말하며, 아빠의 등에 업혀 마지막 몇 걸음을 흔들흔들 걸어갔다. 그 웃음과 땀, 서로의 눈빛은 어떤 메달보다 값졌다.

상으로 주어진 아이스크림을 먹던 아이의 뿌듯한 표정은, "나 해냈어!"라는 말 대신의 대답이었다. 그 달콤한 아이스크림 한 입에, 10km의 고통이 싹 사라진 것 같았다. 역시 끝까지 달리면, 결국 아이스크림이 기다린다.

함께 달린다는 건 결국 서로의 시간을 기다려주는 일임을, 나는 아이의 뒷모습을 보며 또렷이 배웠다.

'같이 멀리' 속도를 맞추는 사람으로서 우리는 첫 10km를 함께 완주했다.

언젠가 아이가 또 "못 하겠어."라고 말하는 날이 오면, 나는 이 순간을 꺼내 보여줄 것이다. 그리고 스스로에게도 다시 말할 것이다.

"봐, 할 수 있잖아. 함께라면 또 달릴 수 있어.
 달리고 난 뒤에 먹는 아이스크림 맛이 궁금하지 않아?"

15.
한 발, 한 마디. 관계를 향해 달리다.

달리기는 내게 늘 같은 것을 가르쳐주었다.
완벽한 준비나 멋진 자세가 아니라, 그냥 내딛는 그 한 발이 길을 열어준다는 것.
숨이 차올라도, 무릎이 무거워도, "한 발만 더."
그렇게 반복하다 보면 어느새 목적지에 닿아 있었다.

그 배움은 러닝 바깥에서도 나를 움직였다.
익숙하지 않은 영어, 서툰 발음, 낯선 사람들 사이.
단어는 자꾸만 입 안에서 맴돌았고, 진심은 늘 말 끝

에서 멈추곤 했다. 어떤 날은, 대화를 시작할 용기를 내는 데 하루가 걸렸다.

그렇게 입을 떼는 게 두렵던 순간에도, 달릴 때처럼 먼저 내딛는 용기가 나를 앞으로 밀어주었다.

맞은편에서 달려오는 러너에게 미소 지으며 인사하듯이.

"Hi."(안녕.)

짧고 어눌한 한 마디였지만, 그 순간부터 조금씩 마음을 나누며 낯선 도시에서 친구들을 얻어갔다.

사랑은 그렇게 시작되었다.

말로 다 하지 못하는 마음으로부터.

포틀럭 파티, 손님에서 이웃으로

9월, 새 학년이 시작되자 학부모 행사도 바쁘게 이어졌다. 그중 압권은 포틀럭 파티(Potluck Party). 이메일에 적힌 문구를 보고 속으로 중얼거렸다.

"이건 또 무슨 파티람. 뉴욕 학부모가 되려면 파티 참석은 정말 필수인 걸까."

각자 음식을 가져와 나누고, 아이들은 출입 금지, 오직 부모들만의 자리. 영어로 몇 시간을 버텨야 할 생각에 망설이다가, 결국 조용히 "I'll be there."(참석.)라고 답장을 눌렀다.

포틀럭은 학급의 한 학부모가 3층짜리 브라운스톤 집을 통째로 내어주며 열렸다. 영화 속 웨스트빌리지를 그대로 옮겨놓은 듯한 공간. 응접실엔 와인 향과 재즈가 가득했고, 부모들은 자유롭게 서서 이야기를 나누고 있었다. 혹시나 싶어 굽 없는 구두를 신고 온 나 자신을 속으로 칭찬했다. 이런 게 생존 전략이다.

사람들이 모두 모이자, 파티 주최자가 샴페인 잔을 두 번 두드렸다.

"올해 같은 반이 되어 반가워요. 우리 아이들과 우리 모두에게 의미 있는 한 해가 되길 바랍니다."

그리고 이어진 아이스브레이킹.

"이름, 누구 부모인지, 좋아하는 아침 메뉴!"

내 차례가 가까워질수록 머릿속은 말할 내용과 영어 발음 걱정으로 새하얘졌다. 나는 심호흡을 하고 입을 열었다.

"Hi, I'm Sunmin, Yiseol's mom. My favorite breakfast

is yogurt bowl with blueberry and banana. English is my second language, so please understand my speech."

(안녕하세요, 저는 선민이고, 이설이 엄마예요. 제가 가장 좋아하는 아침 메뉴는 블루베리랑 바나나가 들어간 요거트볼이에요. 영어는 제 모국어가 아니라서, 제 말이 조금 서툴러도 이해해 주세요.)

조금 더듬거렸지만, 하고 싶은 말을 끝까지 했다.
순간 따뜻한 미소와 박수가 이어졌다. 옆에 있던 한 엄마가 웃으며 말했다.
"나도 영어는 아직 어려워요. 그리고 요거트볼, 좋은 선택이에요!"
그 한마디에 긴장이 스르르 풀렸다. 곧 사람들 사이에 웃음이 오가고, 대화가 시작됐다.
"Sunmin, 러닝 한다는 얘기 들었어요. 뉴욕에서의 러닝은 어때요?"
나는 아까보다 더 자신 있게 대답했다.
"아직은 숨차지만, 덕분에 뉴욕이 조금씩 익숙해지고 있어요."

그날 이후, 나는 단순히 '이설이 엄마'가 아니라, 이름을 가진 한 사람 'Sunmin'으로 불리기 시작했다. 이름이 불릴수록 행동도 한 뼘씩 커졌다.

한 발이 한 마디로, 한 마디가 한 잔, 한 상으로 이어졌다.

어느 아침엔 동네 이웃들과 커피와 브런치를 함께했다. 빈 접시와 머그잔 옆에 다음 주 약속이 조용히 놓였다.

뉴욕 학부모들과 집에 모여 김치를 담그기도 했다. 이 동네 사람들이 자기 손으로 처음 담근 김치였다. 부엌엔 마늘과 생강 냄새가 가득했고 비닐장갑 위로 고춧가루가 붉게 번졌다. 어설픈 영어와 서툰 손놀림이 배추 사이로 잘 섞이며 모두가 한바탕 웃었던 추억.

학교의 세계 음식 문화 축제를 앞두고는 아침 일찍부터 김밥을 말았다. 참기름 냄새가 새벽 공기를 채우고, 김밥 단면의 초록·노랑·검정색이 가지런히 드러났다. 아이들은 스탬프를 쾅쾅 찍으며 줄을 섰고, 내가 만든 80인분의 김밥 한 상이 동네의 이야기를 한 줄씩 늘려 갔다.

이렇게 쌓인 작은 용기들이 내 안에서 불씨가 되어 커졌고, 핼러윈 무렵에는 골목에서 내 이름을 먼저 불러주는 사람들이 생겼다.

그리고 그 밤. 마을 전체가 무대가 되는 핼러윈, 나는 한 발을 더 내디뎠다.

핼러윈, 마녀 디바의 밤

10월 31일 밤, 웨스트빌리지의 브라운스톤 거리는 마치 살아 움직이는 유령의 집처럼, 동네 전체를 압도했다. 거미줄이 처진 철제 펜스, 눈을 깜빡이는 해골 마네킹, 주황색 조명이 깔린 호박 산더미까지. 분장한 아이들과 이웃들로 가득 찬 골목은 "Trick or treat!"(과자줄래? 안 주면 장난칠 거야!) 외침이 번졌고, 서로 사진을 찍으며 웃었다.

나도 난생 처음 마녀로 분장했다. 뾰족한 모자에 검은 드레스, 손에는 장난감 빗자루까지. 거울 속 낯선 모습에 혼자 피식 웃었다.

'그래, 핼러윈인데 뭐, 특별히 뉴욕마녀 모드로 스타-트!'

사람들이 웅성이는 집 앞에 다가갔다. 그곳은 노래를 부르면 사탕을 한 웅큼씩 퍼주는 인기 명소였다.

아이들은 차례를 기다리며 들뜬 표정으로 줄을 서 있었고, 집 앞은 작은 무대처럼 활기가 넘쳤다. 그때 이설이가 내 옆

구리를 콕 찔렀다.

"엄마도 해봐."

"엥, 내가?"

"응, 제발. 나 엄마 노래 듣는 게 소원이야."

아이는 눈을 반짝였고, 나는 얼어붙었다.

이 뉴욕의 밤거리에서 내가 노래를 한다고?

하지만 내 안의 무슨 용기가 생겨난 건지, 이내 달릴 때처럼 속으로 다짐했다.

'한 발만 내딛자.'

나는 조용히 손을 들었다.

"저요!"

사람들이 술렁였다.

아이들의 눈망울이 더 커졌고, 남편은 잔을 들던 손을 멈춘 채 나를 바라봤다.

한쪽에서는 휴대폰을 꺼내 드는 사람이 보였고, 분장한 해골과 마녀들 사이에서 작은 무대가 열렸다.

마이크를 잡고, 오래전 나의 노래방 18번을 꺼냈다.

바로 소찬휘의 〈Tears〉.

"아무 일도 내겐 없는 거야~ 처음부터 우린 모른 거야~"
낯선 한국어 가사에 거리는 잠시 정적에 휩싸였다. 하지만 나는 멈추지 않았다.
그리고 마침내, 고음 파트.
"잔인한~ 여자라~ 나를 욕하지는 마~"
웨스트빌리지의 밤하늘에 내 목소리가 울려 퍼졌다.
그 순간, 나는 더 이상 이방인이 아니었다.
낯선 도시가 아닌, 나의 무대였다.
환호가 터졌다.

"와아아아아!!!"
"Go, South Korea!"(한국 최고!)

아이들과 부모들이 달려와 나를 끌어안았다. 남편은 진심 어린 박수를 보냈고, 이설이는 "우리 엄마 최고야!"라며 소리쳤다.
그날 밤, 나는 분명 마녀 분장을 하고 있었지만, 무대 위에 선

건, 누군가의 아내나 엄마가 아니라, 오롯한 '나'였다.

노래가 끝난 뒤, 이설이의 친구 아빠가 잔을 내밀며 말했다.
"힘들었죠? 목 축이세요. Cheers!(건배!)"
곧바로 다른 엄마가 외쳤다.
"Cheers… Tears! 오늘의 마녀 디바 Sunmin을 위하여!"
순식간에 터진 모두의 웃음. 서로 잔이 부딪히고, 따스한 박수가 이어졌다.

뉴욕에 와서 늘어나는 건 자꾸 불어나는 용기, 그리고 그 뒤를 따라오는 부끄러움.
하지만 그날만큼은 부끄러움조차 즐거움으로 기억될 것 같았다. 아이들의 웃음, 호박등불, 그리고 내 목소리까지. 그 밤은 단순한 축제가 아니라 내 안의 용기와 만난 밤이었다.

뉴욕을 달리며 배운 건, 결국 이것이었다.
'한 발만 내딛으면, 한 마디만 건네면, 새로운 길이 열린다는 것.'
그 길 끝에서 나는 더 이상 낯선 방문객이 아니라, 웨스트빌리지의 이웃이 되어 있었다.

영어는 여전히 서툴렀지만, 중요한 건 완벽한 문장이 아니라 먼저 말을 건네는 용기였다.

내 호흡과 페이스에 맞춰 내딛는 그 마음이 언어가 되었고, 그 언어는 결국 나를 더 깊고 단단하게 만들었다. 그건 '존재의 감각'을 넓혀가는 것이기도 했다.

한 발, 한 마디, 그게 이 도시에서 내가 내는 용기의 속도다. 그러니까 어김없이 내일 아침이 오면, 나는 러닝화 끈을 조이고, 카페에 들어가 웃으며 말할 것이다.

"Can I get an iced coffee? Just black."
(아이스 커피 주세요. 블랙으로요.)

16.
가능성의 트랙 위에서

이제까지 교사라는 한 가지 코스 위에서만 달려온 나는 뉴욕에서 전혀 다른 스타트라인에 섰다.
학교라는 트랙에서는 비교적 정해진 커리큘럼이 있었지만, 여기서는 러닝할 때처럼 먼저 내딛어야 길이 열렸다.
창업가, 작가, 디자이너, 모델 등 각기 다른 직업의 세계 속에서 각자만의 리듬으로 달리는 사람들을 만나며 나는 스스로에게 물었다.

"나는 어떻게 달릴 것인가?"

러닝이 내게 가르쳐준 건 늘 단순했다.
'달려봐야 어디까지 갈 수 있는지 알 수 있다.'
그 단순한 진리가 내 앞의 새로운 코스를 열어주었다.
내가 누구이고, 무엇을 좋아하는 사람인지, 그동안 미뤄두었던 질문들을 하나씩 꺼내 마주할 수밖에 없었던 시간.
그래서 시작했다.
'김선민의 불혹맞이 자기탐색 풀코스'

기록, 나를 찾아가는 지도

뉴욕에서의 생생한 순간들을 사진과 글로 기록해 소셜미디어에 공유했다.
그건 단순한 일기가 아니라, 내가 어디에 있고 어디로 가는지 보여주는 러닝 앱의 기록 같았다. 러닝할 때 GPS에 점이 찍히듯, 기록은 뒤돌아볼 때 내가 어디쯤 와 있는지를 알려줬다.
"뉴요커보다 네가 더 뉴욕을 즐기고 있네?"
한국과 뉴욕에서 날아온 친구들의 메시지는, 마치 러닝 중에 건네받는 격려 한마디 같았다.
호흡이 무거워도 그 말 한 줄이면 다시 뛸 수 있듯, 그들의 따뜻한 응원은 내 안의 감각과 용기를 일깨웠다.

그러다 예상치 못한 순간들이 하나둘 찾아오기도 했다.

다양한 네트워킹 행사, 뉴욕 브랜드들의 오프라인 이벤트, 낯선 업계 사람들과의 만남.

처음엔 그저 구경꾼이었지만, 구경은 곧 '관찰'이 되고, '호기심'이 되고, 다시 '기록 욕구'로 이어졌다.

학교라는 울타리 밖은, 말 그대로 새로운 트랙이었다.

스타트라인은 따로 없었고, 페이스메이커도 없었다. 각자 자신의 장점을 무기로 삼아, 각자의 리듬으로 일하는 사람들. 화려한 기록보다 더 눈에 띄던 건, '스스로의 페이스를 아는 당당함'이었다.

처음에 나는 구석에서 몸을 푸는 주자 같았지만, 어느새 'Sunmin'이라 쓴 이름 스티커를 가슴에 붙이고 그 무리에 섞여 있었다. 명함을 건네받으며 웃고, 새로운 업계 이야기에 귀 기울이며, 어색한 영어든 익숙한 한국어든 한 발씩 내딛었다. 그 순간 내가 할 수 있는 말은 많지 않았지만, 이상하게도 '할 수 있을 것 같은 기운'은 점점 커졌다.

아, 이게 뉴욕이구나.

"당신도 뭔가 할 수 있어."

이 도시는 그 말을, 아주 자연스럽게 속삭이고 있었다.

또 다른 스타트라인, 새로운 무대

뉴욕에서 만난 무대들은 하나같이 새로운 출발선 같았다. 먼저 손을 내밀자, 사람과 장면이 잇따라 펼쳐졌다.

한 뷰티 스타트업의 오프라인 촬영 현장에 참여했을 때도 그랬다. 도심 한복판 워싱턴스퀘어파크, 제품을 소개하는 공간에 함께 서 있었을 때, 나는 교실 바깥의 또 다른 스타트라인을 체감했다. 사람들의 눈빛, 호기심, 환호. 그건 수업에 참여하던 학생들의 시선과도 닮아 있었지만, 더 자유롭고 즉흥적이었다. 카메라 앞에 서서 모델처럼 웃음을 지어야 했던 순간, 긴장감은 레이스 출발선의 두근거림과도 같았다. 그날 찍힌 건 단순한 뷰티컷이 아니라, 내 안의 가능성이었다.

가수에서 변호사, 창업가로 도전을 이어온 한 여성과의 만남은 또 다른 울림이었다.
어린 시절 TV 속에서 보던 인물이, 이제 내 앞에서 변화의 불안과 희망을 동시에 껴안으며 살아가는 동시대의 멋진 언니로서 있었다. 동시에, 자연스러운 페이스로 달리는 동료 러너 같았다. 그와의 대화를 통해 알 수 있었다. 스스로를 틀 안에 가두지 말 것, 변화 속에서야 비로소 가능성이 자란다는 것. 반짝이는 눈빛과 웃음은 그 메시지를 더욱 또렷하게 전해주고 있었다.

소호의 한 편집숍 대표와의 대화는 다시금 내 안의 질문을 끌어올렸다.
"공간을 가진다는 건 단순히 숍을 운영하는 게 아니라, 어떤 이야기를 설계하는 일이죠."
그 말은, 자신만의 러닝 코스를 그리는 일과 닮아 있었다. 나는 자연스럽게 교실을 떠올렸다. 학생들과의 관계, 배움의 리듬. 돌이켜보면 교실도 내가 만들어낸 하나의 세계였다. 그렇다면 앞으로 내가 설계할 새로운 공간은 어떤 모습일까.

이 만남들은 결국 같은 이야기를 하고 있었다.
일은 직함이 아니라, 자신만의 리듬으로 살아가는 방식이라는 것.
그리고 그 자유로운 리듬 속에서, 나도 내 페이스를 찾아가고 있었다. 누구의 기록을 따라가는 게 아니라, 나만의 호흡으로 움직이는 법을.
수요일 크루런에선 초보 페이스를 맡는다. 내 기록보다 옆 사람의 호흡을 먼저 살핀다. 이번엔 내가 "You got this!"(할 수 있어!)라고 외치며.

불러주길 기다리기보다 먼저 커피 약속을 제안한다. 쌓여가는 커피 잔만큼, 교류의 강도, 그리고 내 뉴욕 최애 카페 지도도 점점 넓어진다.

금요일 아침엔 카페 창가에서 30분, 영어 튜터와 나눌 이야기를 미리 적는다. 몇 문장만 준비해도, 다음 주 수업에서 'How are you?'(잘 지내세요?)를 마치 TED 강연처럼 당당하게 시작할 수 있다.

행사에서 들은 책과 이름들은 그 자리에서 메모해 바로 찾아본다. 배움이 곧 행동이 되도록. 서점 장바구니와 앱의 알고리즘이, 내 가능성을 향해 경쟁하듯 추천을 쏟아냈다.

오늘의 한 줄 실행으로 내일의 코스를 만들어가는 이 리듬이, 내가 조금씩 변해가고 있음을 선명히 보여주고 있었다.

가능성의 접힌 자국, 내가 미뤄둔 나를 펼치다

그동안의 나는 다른 사람의 가능성을 열어주면서도, 정작 내 가능성은 조심스레 접어둔 채 살아왔던 건 아닐까.

그 질문이 한동안 마음을 붙잡았다. 답은 화려한 전환이 아니라, 아주 사소한 순간들 속에 있었다.

뉴욕에서 나는 그 접힌 자국을 천천히 펼치기 시작했다.

기록하고, 연결하고, 나누는 일. 아직은 작은 취향일지라도, 내 방식이 되어간다.

뉴욕의 다리는 도시와 도시를 잇고, 뉴욕의 러닝은 사람과 사람을 이었다.

어느 날부터 그 연결은 내 삶까지 닿았다.

거창한 이력 변경이 아닌, 작은 장면들의 누적. 그 장면들이 모여 나를 또렷하게 만들었다.

한 잔. 땀 냄새와 커피 향이 뒤섞인 계절의 문턱에서, 이 도시와 호흡을 이어갔다.

한 발. 가족의 속도에 내 발걸음을 맞추며, 나는 함께 걷는 법을 배웠다.

한 마디. 서툰 발음이라도 먼저 건네면 길은 열렸다. 완벽한 문장보다 용기가 더 힘이 되었다.

한 장. 기록과 배움이 차곡차곡 쌓이며, 내가 어디쯤 와 있는지 돌아보았다.

러닝은 속도가 아니라 방향을 알려주었다.

한 잔, 한 발, 한 마디, 그리고 한 장의 기록까지, 그 작은 순간들이 쌓여 내 삶의 지도가 되었다.

길 위에서 나는 '오래 달리는 법'을 배우고 있다.

같이 걸어도 좋고, 가끔은 멈춰 서서 숨을 고르며 가도 괜찮다고. 이 도시는 그 사실을 조용히, 그러나 분명하게 가르쳐 주었다.

달력에는 다음 일정이 적혀 있다. 수요일 크루런, 금요일 아침 카페에서 첫 문장, 일요일 저녁 한 주 기록 정리.

방향을 잃지 않고, 리듬도 잃지 않는다.

이 풀코스는 아직 30km쯤, 숨은 고르면서도 여전히 달리는 중이다.

Chapter 4
Finish Line – 다정한 이별

"사랑한다는 말을 준비하며,
천천히 안녕을 연습했다."

17.
조금씩, 다정하게, 이별을 준비하며

다시 이별의 계절이다.

모든 달리기에 결승선이 있듯, 우리의 뉴욕 생활에도 마침표가 다가왔다.

남편의 한국 직장 복귀로, 원래 계획보다 빠르게 찾아온 작별이었다. 머리로는 이해했지만, 마음은 아무 준비도 되어 있지 않았다.

결정을 내린 순간부터 이 도시에 남은 시간이 카운트다운 되기 시작했고, 하루하루가 조금씩 이별에 물들었다.

'그래, 이제 떠나야 하는구나.'
생각은 들었지만, 막상 무엇부터 정리해야 할지 몰랐다.
책상 위 서류철을 바라보다가 문득 뉴욕의 골목이 떠오르고, 아이 옷을 개다가 친구들의 얼굴이 아른거렸다. 짐을 싸면서도 짐을 싸지 않는 것처럼, 나는 이별의 문턱 앞에서 계속 마음만 머물고 있었다.
그래서 조금씩, 천천히 시작했다.
차근차근 짐을 정리하고, 다시 달리고 싶은 길을 뛰어보고, 이름만 불러도 돌아봐 줄 사람들과 눈을 맞추며 웃었다. 작은 인사 하나, 마지막 커피 한 잔, 함께 찍는 사진 한 장까지. 모든 순간이 작별 연습처럼 느껴졌다.

잘 헤어지고 싶었다.
그저 '떠나는 사람'이 아니라, 이 도시에 '감사를 전하는 사람'으로 남고 싶었다. 그래서 마지막까지 정성스럽게, 다정하게 안녕을 준비했다

우리의 귀국 소식에 뉴욕 친구들은 놀라면서도 많이 아쉬워했다. 정이 들기 시작했는데 갑자기 이별이라니. 마치 사귄

지 얼마 안 된 연인과 예고 없이 롱디 커플이 되어버린 것처럼 말이다. 귀국 결정과 동시에 해외 이사 준비, 한국 집 구하기, 전학 수속까지 숨 가쁘게 일정이 이어졌다.

마음은 복잡하고 시간은 쏜살 같았지만, 그 바쁜 틈에서 느낀 고마운 마음들 덕분에 이별이 조금은 덜 외로웠다. 여러 친구 이웃들과의 진한 포옹과 이별 만찬, 그리고 많은 사람들과 함께한 이 집에서의 송별파티까지.

웃고, 나누고, 끝내 울었던 시간들.

모든 장면이 따스했고, 그래서 더 오래 마음에 남았다.

안녕, 나의 뉴욕 달리기 친구들

그 날은 아침부터 눈 예보가 있던 날이다. 한층 차가워진 저녁 공기를 헤치며 나와 이설이는 바쁜 걸음으로 윌리엄스버그로 향하는 길이었다. Girls Run NYC, 나의 뉴욕 달리기 친구들과 함께 마지막 페어웰 러닝을 위해서다.

가까스로 유니언스퀘어(Union Square) 역에 도착했지만, L선은 멈춰 선 채 꼼짝도 하지 않았다. 환승역답게 플랫폼은 인파로 북적였고, 안내 방송은 들려왔지만 이설이와 나는 고개를 갸웃거릴 뿐이었다. 오늘은 특별히 우리 때문에 달리기 친구들이 함께 모여 뛰기로 했는데, 늦어지면 무척이나 곤란하다. 결국 우리는 발을 동동 구르며 다른 방법을 찾기 위해 지하철에서 내렸다.

그런데 그 순간 역에서 마주친 건, 같은 크루 멤버인 Jen. 직장이 우리 집 근처라 가끔 러닝을 가다 우연히 마주치곤 했었다. 그리고 오늘은 구세주처럼 우리 앞에 있는 것이다. 그녀도 곤란한 상황에 다른 방법을 찾아보려던 참이었고, 우리 셋은 함께 택시를 타고 가기로 했다.

"휴, 오늘 Jen을 안 만났다면 정말 큰일날 뻔 했어! 고마워!"

그녀는 웃으며 다행이라고 얘기했다. 택시는 복잡한 맨해튼의 거리를 지나 핑크빛 윌리엄스버그 브리지로 들어섰다. 다리 위는 한적했고 차는 속도를 높이고 있었다.

잠시 창 밖을 바라보다 Jen이 나지막히 말했다.

"Sunmin, 우리가 뛰었던 윌리엄스버그 브리지네. 오늘이 마지막이라니."

"정말 그렇네. 저번엔 달리고, 이번엔 택시를 타고 건너고 있다니."

그렇게 웃으며 도착한 윌리엄스버그의 브루클린 러닝 컴퍼니(Blooklyn Running Company). 우리가 매주 수요일 달리기 위해 모이던 장소였다. 모두가 기다리고 있었고, 우리가 들어서자 박수로 맞이해 주었다.

러닝 시작 전, Jessie가 말했다.
"오늘은 Sunmin과 Yiseol이 한국으로 돌아가기 전 마지막 러닝이에요. 우리는 함께 이 주변을 3km 정도 뛰고 다시 이곳으로 돌아올 예정이에요. Yiseol의 페이스를 감안해서 짧고 가볍게 달릴 겁니다."
이설이를 생각해서 가벼운 코스를 잡아주었다니. 그 세심한 배려에 마음이 울컥해졌다.

아, 정말 마지막 러닝이구나.
처음 이 크루와 윌리엄스버그 골목을 달리며 어디가 어딘지 낯설기만 했던 기억이 스쳐 지나갔다. 옆에서 달리며 인사를 건넸던 친구들, 서로 페이스를 맞춰주던 순간들. 이제는 표지판을 보지 않아도 알 정도로 익숙해진 이 거리를 달리는 것이 마지막이라니. 기분이 이상했다.
우리는 계속해서 윌리엄스버그 북쪽으로 달려갔다. 그렇게 달려 도착한 곳은, 우리의 여름과 가을을 함께 했던 맥캐런

파크 트랙. 지금은 트랙과 잔디밭 위로 하얗게 눈이 쌓여 있었다. 하얀 눈을 보자 우리들은 신난 아이들처럼 삼삼오오 장난스러운 포즈로 사진을 찍었고, Jessie는 늘 그렇듯 우리의 마지막 단체 사진을 찍어주었다.

차가운 공기를 가르며 달리는 발걸음. 숨결은 하얗게 피어올랐고, 트랙 위를 밟을 때마다 사각사각 눈 밟는 소리가 퍼졌다.

달리며 눈이 마주칠 때마다 조용히 웃어주던 친구, 속도를 맞추며 대화를 나누던 친구, 말없이 곁에서 함께 뛰어준 친구들. 모두가 저마다의 방식으로 나에게 작별 인사를 건네고 있었다. 이 눈 내리는 날, 나와 마지막으로 함께 달려준다는 것 자체가, 이미 너무나 큰 선물이었다.

한편 이설이는 눈 쌓인 트랙을 토끼처럼 깡충깡충 뛰어다녔다. 내 마음을 아는지 모르는지, 그저 신이 나서 웃고 또 달렸다. 감격스러운 마지막 러닝은 눈발 속에서 조용히 완성되었고, 우리는 다시 출발 장소로 돌아왔다.

그 순간,

"Happy Birthday! Yiseol!"(생일 축하해! 이설!)

하는 소리와 함께 모두가 한 목소리로 생일 축하 노래를 불러주었다. 10살이 된 이설이를 위한 깜짝 생일 파티를 준비한 것이다. 커다란 생크림 케이크 위로 여러 개의 촛불이 빛나고 있었다.

이설이는 놀란 토끼 눈으로 모두와 나를 번갈아 바라보았다. 노래가 끝나고 이설이가 두 눈을 감고 소원을 빌고 있을 때, 누군가 귀엽게 외쳤다.

"Come back to New York soon!"(소원은 뉴욕에 곧 돌아오는 것!)

순간 모두가 웃음을 터뜨렸고, 나는 그 소원이 언젠가 꼭 이뤄지기를 속으로 간절히 바랐다.

이설이가 이모들을 바라보며 수줍게 "Thank you, Thank you."(고마워요, 고마워요.)라고 말하자, Ameerah가 두 팔을 크게 벌리며 따뜻하게 안아주었다.

이설이를 위한 깜짝 생일 파티가 끝난 뒤, 그녀들은 나를 향해 또 하나의 케이크를 꺼냈다.

"Sunmin, 이건 너를 위한 거야."

주현과 Sheshe가 환한 얼굴로 케이크를 내밀었다.

"네가 여기 와서 우리와 달린 것, 그 자체로 너무 특별했어.

진심으로 고마워. 우리 모두 너와 이설이 많이 보고 싶을 거야."
그 말에 나는 두 손으로 케이크를 받으며 꾹꾹 눌러 담았던 감정이 터져 나왔다. 말없이 고개를 끄덕이는 나를 보며 Sheshe가 웃으며 말했다.
"이러다 케이크 떨어지겠어~ 내가 들까?"
"아냐, 괜찮아. 정말 고마워…"
겨우 진정을 하고 나서야, 나는 내가 이 커뮤니티에서 얼마나 따뜻한 존재로 기억되고 있는지를 실감했다. 좋은 에너지를 함께 나누고, '있는 그대로의 나'로 달릴 수 있었던 그 시간들이, 나도 모르게 내 마음에 단단히 뿌리내렸던 것이다.
함께 나눈 저녁 식사, 크루 티셔츠에 한 글자씩 적힌 고마운 손글씨 메시지들.
이설이는 그 티셔츠를 꼭 껴안고, 모두의 얼굴을 잊지 않겠다는 듯 한참을 바라보았다.

그리고 Jessie는 마지막으로 내 어깨를 포근히 감싸 안으며 말했다.
"Not good bye. Only see you soon."
(이건 안녕이 아니야. 우리는, 다시 만날 거야.)

브루클린 하늘에서는, 마치 축복처럼 눈이 조용히 내리고 있었다. 그날의 눈은 세상에서 제일 다정한 작별 인사였다.

마지막 동네 산책

뉴욕을 떠나기 전, 마지막으로 무엇을 해야 할까 고민했다.
결국 선택지는 하나였다.
사랑했던 우리 동네, 그 익숙한 골목과 풍경들을 천천히 다시 달려보는 일.

그 시작은 역시, 허드슨 강 러닝이었다.
아침 햇살이 강물 위로 부서지고, 나는 말없이 남편의 뒷모습을 따라 달렸다. 그는 이따금 강 건너를 바라보며 조용히 숨을 골랐다. 마지막까지 쉼 없이 달려온 그의 시간이 그 등 뒤에 고요히 얹혀 있었다.
함께 뛰던 강변 길, 베이글을 나눠 먹던 벤치, 달리며 나눈 소소한 이야기들. 뉴욕에서 보낸 수많은 날들이, 발끝에 밟히듯 하나씩 떠올랐다.
우리는 뉴욕에서 좋은 '팀'이었다.
함께 달리고, 함께 고민하고, 그렇게 우리는 서로에게 가장 든든한 동지가 되어 있었다.

곧이어 이설이도 합류했다.
"이설아, 우리 마지막 산책으로 달리기 하자. 어디부터 갈까?"
"워싱턴 스퀘어 파크!"
고민할 것도 없다는 듯 이설이가 외쳤다.
우리 가족의 마지막 동네 달리기는 늘 그랬듯, 아치가 우뚝 솟은 공원에서 시작됐다.
언제 와도 북적이던 이 공원이, 오늘따라 유독 조용했다.
바람에 흔들리는 마른 나뭇가지들조차, 뭔가 말없이 배웅하는 듯했다.
우리는 천천히 달리다 걷고, 다시 달리며 공원을 가로질렀다.
작은 음악회에 멈춰 귀 기울이던 날, 벤치에서 커피를 나누던 날, 비눗방울을 쫓던 이설이의 웃음 소리가 차례로 떠올랐다.
그 모든 순간들이, 이 풍경 안에 고스란히 새겨져 있었다.
길을 따라 NYU 캠퍼스에 닿자, 보랏빛 깃발이 바람에 펄럭였다. 학생들 무리에 스며든 우리의 시간이 천천히 우리를 감싸고 있었다.
"나중에 나 여기 다닐까? 그럼 엄마, 아빠도 다시 와야 돼!"

이설이의 말에 웃으며 대답했지만, 마음 한편에선 그 상상을 오래 붙잡고 싶어졌다. 언젠가 다시 이곳을 함께 달리는 날이 온다면, 그것만으로도 기적일 테니까.

잠시 쉬어가고 싶어 들어간 '카페 레지오(Caffe Reggio)'
연둣빛 외관, 낡은 가죽 소파, 진한 카푸치노. 시간조차 느리게 흘러가는 곳에서 나는 조용히 커피를 마셨다.
'아, 이 도시를 정말 그리워하겠구나.'
진한 커피향이 묘하게 작별 인사처럼 느껴졌다.

이제 집으로 돌아오는 길, 늘 우리 곁을 지켜주던 지하철역 앞에 섰다.
뉴욕 지하철은 분명 불편하고 낡고 지저분했다. 하지만 빠르고 자유로웠고, 때론 기막히게 따뜻했다.
포장 음식이 흘러 내 치마에 스며들었을 때 건네받은 물티슈, 아이와 함께 타면 문을 잡아주던 낯선 손, 플랫폼에 울려 퍼지던 색소폰 소리.
그 모든 순간이 투박하지만 정 많은 뉴욕의 얼굴이었다.
"뉴욕 지하철은 더럽고 냄새나지만, 재미있고 낭만적이었어."

이설이의 총평에, 나와 남편은 동시에 웃었다.
그 말 안에 우리가 겪었던 낯섦과 적응, 그리고 정든 마음이 모두 담겨 있었다.
눈발은 여전히 흩날리고 있었고, 지하철역을 오르내리는 사람들이 우리 곁을 스쳐 지나갔다.

나는 마지막으로, 지하철 표시가 그려진 낡은 초록 기둥을 쓰다듬었다. 그 손끝에, 우리가 살아낸 시간들이 켜켜이 스며 있었다. 이 마지막 달리기는 단순한 작별이 아니라, 내가 뉴욕에서 달린 모든 시간을 하나로 엮어주는 결승선이었다.
그 결승선 위에, 나는 울면서도 웃으며 서 있었다.

그리고, 정말로.
내일 뉴욕을 떠난다.
익숙한 풍경을 넘어, 또 다른 시작을 향해.

마지막 동네 러닝

Greenwich Village (5km)

Hudson River – Washington Square Park – NYU
– Caffe Reggio – NoHo – 8 street Station

18.

뉴욕을 떠나는 날

드디어, 이삿날이다.

오늘은 눈이 일찍 떠졌다. 밤늦게까지 한국으로 가져갈 짐과 선박으로 부칠 짐을 분주하게 나누고, 잠이 오지 않아 눈을 감았다 떴다 하며 뒤척이다 겨우 잠들었던 밤. 그래서인지 유독 눈꺼풀이 무거웠다. 하지만 오늘은 그냥 누워 있을 수 없었다.

오늘은 이 집에서, 그리고 뉴욕에서의 마지막 날. 왠지 모르게, 아주 긴 하루가 될 것 같은 예감이 들었다. 우리는 오늘 한국으로 짐을 보내고, 바로 그날 밤에 한국으로 가는 비행기를 탈 예정이다. 뉴욕에 올 때도 재빠르게 움직이더니 귀국 이사도 속전속결이다.

아침부터 날씨는 믿기지 않을 만큼 화창했다. 푸른 뉴욕의 하늘, 쨍하게 빛나는 엠파이어 스테이트 빌딩이 우리를 반겨주고 있었다. 이 멋진 뷰도 오늘이 마지막이라니. 괜히 아쉬운 마음에 발코니로 나가 차가운 겨울 공기를 훅 들이마셨다. 그리고 마음을 단단히 다잡았다.

정말 떠나는 날이 왔다.

9시 정각, 이삿짐 센터 직원 네 명이 집 안으로 들어섰다. 오늘도 모든 짐은 박스 포장될 예정이다. 언제나 신기한 해외이사의 세계, 아무리 큰 가구도 결국 박스 안에 깔끔히 담긴다. 익숙하면서도 매번 새삼 놀라운 풍경이었다. 이번에는 몇 박스가 나올까, 은근한 기대도 스쳤다.

이사는 순조롭게 진행되었고, 하나둘씩 짐이 사라지고 공간이 비워질수록 마음은 이상하게 가벼워지면서도 깊이 가라앉았다. 시원한 마음과 아쉬운 마음이 층층이 쌓여, 마음속에서도 무언가 이별 준비를 하는 듯했다.

넓어진 거실 안에서 이설이는 캐리어를 타고 "와~ 와~" 하며 신나게 빙글빙글 돌았다. 언제 어디서든 신날 수 있는 이 아이는 나의 복잡한 마음을 알까.

마지막 박스가 집 밖으로 나가자, 집 안은 한순간에 텅 비었다. 처음 이 집에 들어섰던 순간처럼 이렇게 빈 공간만 남았다. 거실 한가운데에는 우리가 가져갈 캐리어와 검정색 이민 가방 일곱 개만이 덩그러니 놓여 있었다.

벽 아래 두었던 액자 자국들, 햇살이 스며들던 부엌 창가, 밤이면 도시의 불빛을 반짝이며 안겨주던 창밖 풍경, 모든 것들이 아직도 내 곁에 있는 것처럼 느껴졌다.

그런데도, 이제 정말 끝이라는 걸 실감할 수밖에 없었다.

드디어, 공항으로 향할 시간. 어느덧 밤하늘에는 하얀 눈이 소리 없이 내리고 있었다. 집 안을 천천히 둘러보았다. 함께 고른 물건들, 웃음 소리로 가득했던 저녁들, 이곳을 찾아준 사랑하는 얼굴들, 모든 것이 고요히 어깨에 내려앉았.

거실 한가운데서 우리 셋은 마지막 기념 사진을 찍고, 서로를 꼭 껴안았다.

"여기서 정말 행복하게, 감사하게 잘 지냈다. 그렇지?"

남편이 말했다.

나와 이설이는 웃으며 고개를 끄덕였다.

흩뿌리는 눈발 속을 달려 공항에 도착하자, 우리가 끌고 온 캐리어와 이민 가방들 일곱 개가 무겁게 따라왔다. 짐이 너무 많아 우왕좌왕하고 있을 때, 한 공항 직원분이 다가와 카트에 짐을 싣는 것부터 카운터로 이동하는 것까지 친절하게 도움을 주셨다. 뉴욕은 마지막까지 이렇게 사랑을 주는구나. 괜시리 코끝이 찡해졌다.

수속을 하기 위해 줄을 서면서, 묘한 긴장과 묵직한 아쉬움을 번갈아 느꼈다. 온 세상만큼 무겁게 느껴졌던 이삿짐이, 이렇게 간단히 벨트 위를 따라 사라져가는 걸 보며 마음이 순간 휑해졌다. 마치 긴 레이스가 끝나고, 기록표 위에서 내 번호가 사라지는 순간 같았다

수속을 마친 후, 수많은 사람들 틈에 섞여 있으면서도, 나 혼자 조용한 섬에 있는 것처럼 느껴졌다. 무심코 휴대폰을 열자, 뉴욕에서 함께했던 친구들의 사진과 메시지가 파도처럼 밀려왔다. 하나하나 스쳐가는 사진 속 추억들—함께 뛰었던 다리 위, 늦은 밤 카페에서 웃었던 얼굴들, 서로의 손을 꼭 잡아주던 순간들—그 모든 시간이 생생하게 되살아났다.

나는 휴대폰을 꼭 쥔 채, 천천히 마지막 인사를 적었다.
손을 흔들 듯, 가만히.

'펄펄 예쁘게 내렸던 오늘의 눈처럼,
너무나 다정했던 나의 뉴욕 친구들.
보내준 사랑들,
잊지 않고 늘 기억할게요.'

글자를 눌러 담을수록, 마음 속 어디선가 그리움이 터져 나왔다.
그리고 친구들의 답글이 하나둘 도착했다.
짧은 문장들이었지만, 그 안에는 뜨겁고 깊은 마음이 고스란히 담겨 있었다.

'We love you. Safe journey and see you soon.'(사랑해. 여행 잘 하고 곧 보자!)
'Unnie, see you again!'(언니, 또 봐!)
'어느 누가 이렇게 보낼 수 있겠어. 뉴욕 마라톤 누구 하나라도 되면 다 같이 가자.'

'Gonna miss you and Yiseol!!! 진짜! Safe travels! 한국에서 보자!'(너랑 이설이 너무 그리울 거야! 진짜! 여행 잘 하고 한국에서 보자!)

'You are so loved.'(너는 정말 많은 사랑을 받고 있어.)

'벌써 허전해.'

'New York is going to miss you too. You were such a great New Yorker!'(뉴욕도 너를 그리워할 거야. 너, 진짜 멋진 뉴요커였어.)

'No good-bye's but see you soon!'(안녕이 아니야. 곧 다시 보자!)

하나하나 읽을 때마다, 가슴 속으로 무언가가 쿵쿵 떨어졌다. 그리고 결국, 참으려던 눈물이 터졌다.
조용히 울다가, 점점 참을 수 없이 울컥 올라오는 눈물을 감출 수가 없었다.

물을 사 오던 남편과 이설이가 당황한 얼굴로 다가왔다.
"자기야, 왜 울어?"
"엄마, 뉴욕 떠나기 싫어서 그래?"

나는 숨을 고르며, 겨우 목소리를 냈다.

"아니야… 그냥… 고마워서. 고마워서 그래."

그 순간, 모든 감정이 봇물처럼 터졌다.

짧게만 여겼던 뉴욕 생활이, 어느새 내 삶 깊숙이 뿌리를 내리고 있었던 걸 이제야 깨달았다.

이곳에서 만난 사람들, 함께 웃고 울었던 순간들, 달리며 나누었던 마음들. 그 모든 것이 나를 이렇게 만들어준 것이었다. 우리의 시간은 진짜였으니까.

마지막 러닝을 마치고, 마지막 커피를 마시고, 마지막 인사를 건넨 어느 날.

뉴욕은 특별한 장면 없이도 담담하게 내게 작별을 고했다.

그리고 그 속에서, 나는 더 오래도록 뉴욕을 기억하게 되었다. 어떤 특별한 순간이 아니라, 그 모든 시간이, 그 모든 작은 교차점들이 나를 만들어갔음을 깨달았다.

낯선 도시에서 달리며 살아온 1년. 그 시간 속에서 나는 단단해지면서도, 동시에 유연해졌다.

뉴욕은 나에게 수많은 질문을 던졌고, 그 끝에서 나는 나 자신과 더 가까워진 나를 만났다.
친구들의 따뜻한 말, 낯선 이의 작은 배려, 그리고 내가 선택한 나만의 속도.
그 모든 것이 나를 '나답게' 만들어주었다.

한국으로 향하는 비행기 안, 창밖에 뉴욕의 불빛이 점점 작아졌다.
나는 속으로 조용히 말했다.
"고마웠어, 뉴욕."

오늘의 작별은 끝이 아니라, 그저 하나의 또 다른 시작인 셈이다. 달리던 뉴욕의 거리, 그곳에서의 웃음, 사람들의 따뜻한 마음은 내 안에서 계속 살아 움직일 것이다. 그리고 여전히, 나는 이 도시를 사랑할 것이다.
그 사랑을 품고, 또 다른 나를 만나러 가는 길.
언젠가 다시, 이 도시에 돌아올 수 있다는 걸 나는 안다.

This city is my true love, New York
(이 도시는 나의 진정한 사랑, 뉴욕).

Epilogue – Cool Down

"다시 한국 땅에서, 뉴욕의 긴 레이스를 돌아보다."

"지금 이 비행기는 잠시 후 인천국제공항에 착륙하겠습니다."
15시간의 긴 비행 끝에, 1년 만에 한국 땅을 밟았다.

서울, 익숙한 동네로 돌아왔지만 토요일 아침의 고요함은 낯설게 다가왔다.
뉴욕의 사이렌과 사람들의 재잘거림이 문득 그리워졌다.
분식집 김밥은 여전히 싸고 맛있었고, 밤에 주문한 물건이 새벽에 도착하는
한국의 속도는 여전했다. 뉴욕에선 불편해서 그리워하던 것들이, 지금은
고맙고 놀랍게 느껴졌다.
하지만 뉴욕의 사람들, 그들의 다양한 에너지, 쨍한 하늘은 여전히 그립다.
서로 다른 두 도시를 살아낸 이 시간이 내게는 무엇보다 소중하다.

오랜만에 한강을 달렸다.
뉴욕의 허드슨 강처럼, 서울엔 한강이 있었다. 맨해튼 크기에 익숙해진
탓인지, 한강까지 가는 길이 꽤 멀게만 느껴졌다.
그날은 Ryo가 선물해 준 OMRC 후드티를 입고, 또 다른 날은 Girls Run NYC
크루 티셔츠를 입었다. 서울을 뛰고 있어도, 뉴욕에서 함께 달렸던 친구들의

얼굴이 떠올랐다.
나는 지금, 여전히 그들과 달리고 있었다.

서울의 골목을 달리다가 문득 멈춰 서게 될 때가 있다.
눈앞엔 익숙한 풍경이 펼쳐지지만, 마음속엔 뉴욕의 거리 한 모퉁이, 바람결,
그리고 그리운 순간들이 겹쳐진다.
멀리 떨어져 있어도, 마음은 언제든 연결될 수 있다는 걸
우린 이제 안다.

Run, Love, New York(달리며 사랑한 뉴욕).
뉴욕을 달리며, 내가 발견한 가장 큰 사랑은 다름 아닌 '살아보는 용기'였다.
도시의 거대함과 낯섦 속에서 달리고, 말하고, 관계를 맺으며
나는 단단해졌고, 조금 더 나답게 변했다.
지난 1년간, 뉴욕의 긴 레이스는 진정한 나를 만나게 해준 시간이었다.
삶을 다시 써 내려갈 수 있다는 믿음 속에서, 나는 나만의 속도와 방향을
찾았다.

이 책도 그런 마음으로 썼다.
서툴더라도, 이 글이 당신 마음에 따뜻한 온기로 남기를 바라며.
천천히, 그러나 용기 있게 당신만의 '달리기'를 시작하길.
그리고 언젠가, 당신도 자신만의 '뉴욕'을 만나길.
그 여정의 어느 순간에, 이 책이 당신에게 작은 응원이 되길 바란다.

오늘도 나는 단단하게. 조금 더 즐겁게.
그리고 무엇보다 나답게 달려간다.

달리며 사랑한 뉴욕

저자 김선민
발행일 초판 발행 2025년 11월 2일
발행처 이지앤북스
서울시 영등포구 선유로 55길 11, 6층
Tel 02-516-3923
www.easyand.co.kr

ISBN 979-11-91657-33-3
등록번호 제313-2011-71호 등록일자 2009년 1월 9일

copyright © easy&books
easy&books와 저자가 이 책에 관한 모든 권리를 소유합니다.
본사의 동의 없이 이 책에 실린 글과 사진, 그림 등을 사용할 수 없습니다.